PROJET DE LOI

SUR

LES BREVETS D'INVENTION

par

Eugène TURPIN

Inventeur

DE LA MÉLINITE, DU CANON A TIR RAPIDE, etc., etc.

❦

1900 – 1909

PONTOISE

Extraits du *Bulletin de la Chambre Syndicale de l'Invention* publié dans la *Revue technique et Industrielle de 1909*.

PROJET DE LOI

SUR LES BREVETS D'INVENTION

EXPOSÉ

La loi du 5 juillet 1844, qui régit la propriété industrielle ne répond plus, depuis longtemps, aux besoins de l'industrie moderne. En outre, cette loi est absolument léonine et anti-démocratique, tant au point de vue de l'inventeur qu'au point de vue du public.

Sous une apparence trompeuse d'équité, elle favorise, en réalité, les monopoles financiers et la grande industrie, déjà trop puissants par eux-mêmes, au détriment des inventeurs et du public.

Les monopoles, vers la suppression desquels on doit tendre, autant que possible, et qui résultent d'un droit privatif sous forme de brevet d'invention, quoique très respectables, en principe, sont de nature cependant, à apporter de graves perturbations dans l'industrie et dans le commerce et se retournent souvent contre les inventeurs.

Le droit privatif qui découle de la loi du 5 juillet 1844, est trompeur pour le réel inventeur. Celui-ci, en effet, presque toujours très pauvre et hors d'état d'exploiter, par lui-même, directement, son invention, est abandonné à ses propres forces et à ses propres ressources.

Il résulte de cette situation, en raison des frais énormes des procès, des longueurs et des lenteurs de la procédure et de la justice, que l'inventeur est dans l'impossibilité de défendre sa propriété, de faire respecter ses droits et de lutter contre les abus de la puissance financière et de la puissance industrielle, souvent coalisées contre lui pour le frustrer et le réduire à néant.

Le brevet qu'on lui délivre, en effet, constitue une charge réelle et certaine pour l'inventeur, charge extrêmement lourde, tout en n'étant ni un titre de propriété, ni une garantie.

C'est donc à tort que l'on considère un brevet comme un acte authentique de propriété, alors que ce n'est qu'un acte de constatation, de déclaration, sans garantie légale pour lui-même.

La contrefaçon n'est pas, à proprement parler, réprimée sous l'empire de cette loi, comme elle devrait l'être et comme elle l'est en certains pays, notamment en Autriche où on n'admet même pas la bonne foi en matière de contrefaçon. Aussi, par une guerre de procès et en ayant recours à tous les moyens dilatoires, il est facile aux contrefacteurs, d'éluder la loi, d'échapper aux peines encourues et de ruiner

l'inventeur, ce n'est qu'une question d'argent, or, l'inventeur est toujours pauvre, relativement, s'il ne l'est absolument.

Si on examine, maintenant, et si on compare le sort qui est fait à l'inventeur par rapport à celui qui est fait aux écrivains, compositeurs et artistes, par les lois des 19-24 juillet 1793 et 14 juillet 1866, on reconnaît, de suite, que la loi du 5 juillet 1844 sur les brevets est absolument outrageante envers les travailleurs auxquels la société doit tout son bien-être.

Quelque respectable que soit l'art, sous toutes ses formes, ainsi que les lettres, il ne faut pas oublier que c'est un superflu qui n'a pu se développer et prendre corps qu'après que l'humanité, grâce aux inventeurs, avait déjà acquis le nécessaire et le bien-être.

A notre époque, encore, l'art est le plus souvent, pour son exécution, tributaire du génie inventif, *le premier de tous*, car la théorie, elle-même, est toujours à la remorque de la pratique.

D'où vient donc, alors, cette si cruelle différence de traitement qui existe entre ces deux genres de manifestation de la pensée et des œuvres du cerveau ?

D'un côté, *pour l'inventeur*, des charges inouïes, écrasantes et le plus souvent irréalisables, avec absence complète de garanties et d'appui.

De l'autre, *écrivains, compositeurs, artistes*, et bientôt *sculpteurs*, un projet étant présenté à la Chambre pour cet art en vue de l'application de la loi relative aux autres arts ; aucune charge, aucun déboire et, en somme, toutes les garanties internationales sans aucun débours d'argent, *ipso facto, gratis pro deo*.

Tandis qu'un auteur, un compositeur, un peintre, dont les œuvres sont livrées au commerce et à l'exploitation et même à la spéculation, a ses ouvrages garantis, sans charge, pendant toute sa vie et encore pendant cinquante ans après sa mort, au profit de ses ayants-droit, l'inventeur, lui, est soumis aux tyrannies les plus révoltantes et écrasé de charges sans cesse renouvelées, *à peine de perdre, d'un coup, par le non-paiement d'une annuité en temps voulu, tout le fruit de son travail et de ses longues années de privations et de peine*. S'il échappe à ce désastre, sa propriété n'est garantie qu'à ses risques et périls et pendant un temps extrêmement court, en moyenne pendant quinze ans, alors que, le plus souvent, il faut des années de peines et de sacrifices avant de pouvoir tirer un profit de ce travail, si tant est qu'il puisse jamais en tirer parti, ce qui n'est que l'exception.

Que l'invention soit minime ou importante, qu'elle vise un objet de grande valeur ou un objet de quelques sous, les charges sont les mêmes et sont toujours, pour l'inventeur, disproportionnées avec le résultat visé, à part quelques exceptions fort rares.

Si l'invention est bonne et se propage rapidement, la contrefaçon surgit de tous les côtés et se généralise avec une telle rapidité que l'inventeur, pauvre et débordé, ne peut faire respecter ses droits, puisqu'il lui faudrait engager un nombre considérable de procès sans fins et sans sanction sérieuse.

Si, découragé, il ne peut ou ne veut, pour une cause quelconque : oubli, maladie, manque d'argent, etc., payer en temps voulu les annuités énormes de son ou de ses brevets, annuités qui constituent de véritables pénalités ou amendes, sans compensation aucune, appliquées à son génie et en récompense des services rendus à la société et à l'humanité, il est, alors, frappé d'une peine plus forte pour sa pauvreté ou sa négligence, *par la perte totale de l'objet de toute sa vie de travail et de toutes ses espérances, seul trésor qu'il avait acquis avec peine et qu'on lui ravit cruellement. IL EST COMPLÈTEMENT DÉPOSSÉDÉ*, car la perte de son brevet en un pays entraîne la perte des autres à l'étranger.

Alors il pourra contempler ses spoliateurs s'enrichissant, grâce à son travail, et subir leurs moqueries. *L'inventeur, lui, n'a plus le droit de vivre de son œuvre. Il n'a pas payé en temps, donc d'autres doivent, SANS RIEN PAYER, profiter de son invention!*

Telle est la loi!! — Quelle infamie!!

Voilà, en raccourci, la position faite à l'homme de génie, à l'inventeur, au XXᵉ siècle. Cette manière de traiter les bienfaiteurs de l'humanité relève du moyen-âge. TOUT PAR LUI, RIEN POUR LUI. C'est éternellement le *sic vos non vobis* des ancêtres.

Les inventeurs sont les poètes, les rêveurs, si on veut, de la science, et leurs œuvres coûtent encore plus de peines et de sacrifices que les œuvres artistiques. Elles sont plus utiles et plus durables.

Pourquoi, alors, les traiter en parias?

Pour couvrir une invention, dans le monde entier, il faut prendre un nombre considérable de brevets. Chaque brevet entraîne une traduction dans la langue du pays, des formalités fort longues et enfin le paiement de taxes et de frais, d'avance, qui sont une véritable iniquité.

Avant que l'inventeur ait pu tirer de son œuvre accompli, avant qu'il sache si jamais il pourra en tirer quelques ressources, alors même que son invention peut lui être contestée et même annulée, l'État commence par prélever une dîme exorbitante, dîme qu'il faudra payer chaque année, à jour fixe, à peine de tout perdre.

L'esprit reste confondu devant l'existence et la durée d'une telle spoliation sociale et officielle.

Pour couvrir une invention pendant la première année dans les principaux pays il faut dépenser une dizaine de mille francs, et si l'on maintient, partout, les brevets pendant leur durée, l'inventeur devra payer environ soixante-cinq mille francs!! N'est-ce pas monstrueux?? N'est-ce pas la négation du travail et une cruelle ironie?

C'est plus que cela, c'est un piège odieusement et abominablement calculé pour dépouiller l'inventeur. C'est telle-

ment exagéré que cela en devient ridicule et odieux.

Quelle dîme plus révoltante a jamais été prélevée sur le travail, et quel travail, le plus ingrat et le plus noble de tous. Pour inventer et se protéger, en apparence, car le brevet ne garantit rien, il faudrait donc être millionnaire.

De telles lois n'ont été faites, je le répète, qu'en vue de spolier l'inventeur au profit de la féodalité industrielle et financière.

Où est l'inventeur, le véritable inventeur, qui soit en situation de satisfaire à de telles exigences pour une garantie illusoire et pour essayer de protéger un service rendu à la société et dont tout le monde est appelé à bénéficier, si l'invention est bonne, et à le ruiner encore plus si elle est nulle.

Peut-on appliquer un châtiment plus barbare au génie et à l'esprit d'initiative? Dans ces conditions, n'est-ce pas ironique et un non-sens que de fêter le travail des inventeurs par des solennités comme les Expositions Universelles, alors qu'eux-mêmes sont traités en esclaves, en parias, et languissent dans la misère. Faute d'argent, la Société *lui confisque le fruit de ses veilles, le pain et l'espoir de toute sa vie et de toute sa famille. Un paiement en retard d'un jour et le voilà ruiné. Les contrats qu'il a passés, les redevances qu'on lui avait promises, tout devient nul.*

Quelle que soit la valeur de son invention elle lui est ravie au profit de tout le monde!!

Il devait cent francs, si on peut appeler une dette la taxe *monstrueuse établie sur son travail et son génie, ET, POUR CELA, ON LUI PREND TOUT*, même des millions si son invention les vaut, et ce qui est pire, on le réduit à rien et on en fait un ennemi terrible et intelligent de la société, et dont la haine devient légitime.

Son invention existe, tout le monde en jouit, L'INVENTEUR SEUL N'Y A PLUS DROIT. *Il n'a pas payé en temps roulu! Quel crime! est si cruellement puni??* Malheur aux pauvres!!

On ne le poursuit pas pour le paiement de la taxe jusqu'à concurrence de la dette comme cela a lieu en matières fiscales et de dettes, non, *on lui confisque son capital en entier.*

Que dirait donc un propriétaire auquel on confisquerait, sans autre forme de procès, la propriété parce qu'il n'aurait pas payé, à heure fixe, une somme de cent francs pour ses contributions?

Où est donc l'égalité de traitement?

La raison se refuse à discuter plus longtemps de pareils faits.

Quels sont donc et d'où sortaient donc les légistes qui ont pu faire de pareilles lois? Quelle moralité ont donc les hommes d'État ceux qui prétendent gouverner leurs semblables en les spoliant et en reniant leur propre origine?

Si l'invention est bonne, grande, utile, États, vous volez l'inventeur en le dépossédant de la sorte!

Si son invention est mauvaise, nulle et sans valeur, vous le volez encore en le forçant à payer pour une chose qui, en fait, n'existe pas et ne produit rien, et ne peut rien produire.

Dans les deux cas quelle infamie!!

Faut-il rappeler, au hasard, les nombreux suicides de grands inventeurs ou leur fin misérable :

Philippe Lebon, inventeur du gaz; Félix Leblanc, l'inventeur de la sonde artificielle; Philippe de Girard, mort en prison pour dettes; Goodyear, inventeur de la vulcanisation du caoutchouc, emprisonné pour dettes et tué par une sentinelle à la prison de Clichy. Bernard Palissy mort à la Bastille ; Papin, l'inventeur de la machine et de la navigation à vapeur, mort de misère, dans un coin ignoré à Londres. Tout près de nous, il y a quelques années, de Méritens, l'inventeur des phares électriques, etc, etc ; qui s'est suicidé avec sa femme à Egrandy-Neuville, près de Pontoise, à deux pas de moi. Et moi-même.

La société moderne n'a rien à reprocher au moyen-âge et mon livre patriotique a été brûlé comme celui d'Etienne Dolet, etc.

Les inventeurs n'ont pas de chance, dit-on ! Comment en auraient-ils avec des lois comme celles des brevets qui commencent par les dépouiller avant qu'ils aient pu tirer un centime de leur travail, et avec des mœurs industrielles comme celles de notre époque ?

Dans de pareilles conditions sociales, l'inventeur est toujours une dupe.

En effet, pour éviter des charges irréalisables et des risques de toutes sortes, des déchéances, les lois actuelles ne visant qu'à le dépouiller, l'inventeur est obligé de ne prendre des brevets que dans quelques pays, quatre ou cinq, et encore à cause des charges énormes.

Mais que résulte-t-il de cela ?

Une perte considérable pour l'inventeur, d'abord, et une perte très grave pour son pays. En effet, là où l'inventeur n'a pu se faire breveter, les industriels profitent de son invention sans bourse délier et font alors une concurrence avantageuse à l'industrie du pays de l'inventeur, lequel pays aurait pu exporter des produits brevetés.

De sorte, en fin de compte, que c'est le pays de l'inventeur qui y perd. C'est ainsi que notre industrie est, en grande partie, passée à l'étranger, qui fabrique au lieu de recevoir de nous. On dépouille l'inventeur en se ruinant soi-même.

C'est comme cela que la Suisse, par exemple, qui, sous le prétexte de ne pas créer de monopoles, a refusé de donner des brevets et ce pendant encore pour les industries chimiques. Qu'en est-il advenu ?

La Suisse, qui aurait dû être mise à l'index de ce fait de spoliation, et tenue hors des traités commerciaux jusqu'à égalité de traitement, est devenue un repaire de contrefacteurs qui ont ruiné nos industries chimiques et nos soieries. Les causes de cela : l'absence de brevets en Suisse et le monopole des brevets en France, par de puissants industriels qui en abusaient.

De là, la preuve que les lois sur la propriété industrielle ne répondent pas aux besoins et vont d'une extrémité à l'autre. Les monopoles qui découlent des brevets d'invention ont donné lieu à de violentes polémiques pour ou contre les brevets, et, à un moment donné, deux écoles se sont formées :

L'une, à l'instigation de Michel Chevalier voulait la suppression totale des brevets et la récompense de l'inventeur par l'État, sous le prétexte que les brevets entravent l'industrie et y apportent de nombreuses perturbations. L'autre, qui comptait des hommes de valeur tels que Renouard, conseiller à la Cour de Cassation, membre de l'Institut, soutenait les droits sacrés de l'inventeur et laissait au public, au succès de l'invention, en un mot, le soin de récompenser l'inventeur et maintenait le droit au monopole absolu.

Les uns ne voulaient donc rien et les autres voulaient tout.

C'est en raison de ces extrémités opposées que la loi est restée ce qu'elle est, c'est-à-dire boiteuse et ne satisfaisant personne.

En fait, l'État ne peut apprécier et récompenser que les inventeurs qui l'intéressent directement, mais comment pourrait-il apprécier la valeur d'une invention purement industrielle, souvent modeste, en apparence, mais cependant grosse de profits. Qui pourrait, justement mesurer la récompense ? Et puis, on comprend de suite combien ce système ouvrirait la porte aux abus et aux erreurs de toutes sortes.

En faisant respecter les droits de l'inventeur, le gouvernement lui rendrait justice et laisserait au public, au succès le soin de le récompenser et il s'affranchirait ainsi de toute charge et de toute critique :

« Plus une invention fait le bien du public, dit Renouard « dans son traité sur les brevets, plus elle doit faire (et plus « elle fera) le bien de l'inventeur, la morale y gagnera et ce « qui est d'une bien autre importance, la justice sera satis « faite. »

Pendant longtemps, aussi, la magistrature a été divisée et l'est encore en deux camps. Dans l'un, on sapait les brevets, sans merci et sous le puéril prétexte de protéger l'industrie en dépouillant les inventeurs, comme si le droit d'un seul n'était pas le droit de tous, et comme si l'intérêt général, d'ailleurs mal compris, pouvait justifier des actes arbitraires et excuser la violation du droit le plus sacré, la propriété la plus inviolable, celle qui émane de l'individu.

Dans l'autre camp on exagérait le droit contraire et on a vu accorder le droit privatif absolu et le produit nouveau à des objets qui ne constituaient même pas ou à peine un perfectionnement réel. Tels sont les procédés de blanchiment des plumes d'autruches ou l'idée de fabriquer des cartes à jouer à coins arrondis qui jouirent d'un monopole exclusif.

Dans un cas on chassait les inventeurs de la France ; dans l'autre on en chassait l'industrie comme cela est arrivé pour les couleurs d'aniline, la teinture des soieries etc. En effet, le monopole exclusif a cet inconvénient grave que le fabricant ne pouvant satisfaire aux commandes, exagère les prix de ses produits, le public en souffre, la concurrence y gagne, et l'étranger, de là l'émigration de certaines industries.

Comme on le voit, la question des brevets est fort complexe et il est assez difficile de sauvegarder tous les droits et tous les intérêts qui se trouvent mis en cause par une invention.

Au point de vue de la mise en exploitation, la loi de 1844 est également aussi arbitraire et injuste que dans ce qui vient d'être exposé.

Cette loi dit que tout inventeur qui, dans le délai de deux années n'aura pas mis son invention en exploitation, sera déclaré de ses droits à moins qu'il ne justifie des causes de son inaction. Il en est de même si pendant deux ans il a suspendu cette exploitation. Indépendamment que cet article de la loi est une vraie niche à procès, c'est une négation de la propriété industrielle et une violation des droits de l'inventeur, en plein désaccord avec le monopole que la loi prétend lui garantir. Le premier droit de propriété consiste à pouvoir faire ce que l'on veut de sa propriété. Or, ici, c'est le contraire, et sans se préoccuper des raisons qui ont pu mettre l'inventeur dans l'impossibilité d'exploiter son invention, on commence par la lui confisquer purement et simplement. Il y a le cas de force majeure, dit-on, qui peregarder le breveté, mais où commence et où finit, en cette matière, le cas de force majeure et qui fixe que tous les tribunaux apprécient les faits de la même manière ?

Un inventeur, malgré ses démarches, ses sacrifices et tous ses efforts, ne peut arriver à réunir les capitaux nécessaires pour mettre en œuvre son invention dans le temps voulu, par exemple.

Est-ce là un cas de force majeure ? Évidemment non, répondra le plaideur, qui aura intérêt à faire tomber le brevet. C'est si peu un cas de force majeure, le manque d'argent aux yeux de la loi, que l'inventeur qui n'a pas payé son annuité en temps voulu est déchu de tous ses droits, *de plein droit sans jugement* !!

Qui aura tort ou raison ? Si on admet le manque d'argent comme justiciable de l'inaction, pourquoi ne pas l'admettre au point de vue du paiement des annuités ? Il y a contradiction alors !

Ainsi, voilà un malheureux inventeur, qui, faute d'argent, sera dépouillé de son capital : *son invention*. Sa vie, ses espérances, à tous propos, sont brisées.

Cette loi des brevets, est un véritable piège pour les inventeurs, c'est, je le répète, une loi de spoliation, habilement dissimulée sous des appâts trompeurs.

On prend tout à l'inventeur et on ne lui donne rien en échange ni propriété réelle, ni garantie, ni protection, ni sécurité. Elle est bien digne de la Tyrannie.

En tous cas elle n'a que trop duré sous un gouvernement républicain et elle doit disparaître sous un gouvernement vraiment démocratique et équitable. Aujourd'hui que tous les gouvernements tendent vers la démocratie, ces lois ne peuvent plus exister et les principes sous l'empire desquels elles ont été créées ne peuvent plus être maintenues et doivent faire place à une loi juste et respectable, et plus en harmonie avec les besoins de tous genres de l'industrie actuelle et le respect du travail et de la propriété intellectuelle.

Dans la question des brevets, il y a cinq intérêts fondamentaux à satisfaire et qui, tout en paraissant antagonistes les uns aux autres, peuvent se concilier.

Ces intérêts de cinq ordres, sont les suivants :

1° Satisfaire le fisc.

2° Satisfaire l'inventeur.

3° Satisfaire l'industrie.

4° Satisfaire le public.

5° Satisfaire les agents de brevets et les hommes de loi.

Certes, le présent projet de loi est encore bien loin d'être ce qu'il devrait être, surtout au point de vue international, et l'inventeur y est encore traité cruellement par rapport au traitement appliqué aux œuvres littéraires et artistiques, etc ; auquel traitement, cependant, il aurait le droit d'être assimilé, mais comme il est impossible d'arriver d'un saut à la perfection et que, d'ailleurs des considérations internationales empêchent d'atteindre ce but, dès maintenant, il faut se contenter de cette première étape jusqu'à ce qu'un accord international soit intervenu pour régler définitivement cette question qui intéresse la classe si nombreuse des travailleurs : Inventeurs et Industriels.

C'est en tous cas, un acte de justice et de reconnaissance à accomplir, *sans plus tarder*, envers ceux qui, étant les pionniers de l'humanité, vous ont donné la gloire et le bien-être par la paix et le travail, dont nous jouissons.

Il faut espérer qu'un jour viendra où l'inventeur, par un seul brevet, sera couvert dans tous les pays comme cela a lieu pour la propriété littéraire. C'est aux pouvoirs publics à provoquer dans ce sens une entente internationale. Mais qui s'occupe des travailleurs et des inventeurs en particulier, si ce n'est pour les spolier.

E. TURPIN.

TEXTE DU PROJET DE LOI[1]

TITRE PREMIER

Dispositions Générales

Nature des Brevets

ARTICLE PREMIER. — Toute nouvelle découverte ou invention, tout perfectionnement, rénovation ou importation de procédés secrets dans tous les genres d'industrie, confère son auteur, Français ou Étranger, conformément à la convention internationale de 1883, sous les conditions et pour les durées ci-après déterminées, un droit de propriété, pour la France et ses Colonies, dans tous les pays contractants.

Ce droit est constaté par des titres de quatre classes différentes, suivant le cas, délivrés par les Gouvernements, sans garantie de la nouveauté, de la réalité ou de la valeur de l'invention et aux risques et périls de l'inventeur (2) sous les noms de :

PREMIÈRE CLASSE

Brevet d'invention d'une durée de trente ans.

DEUXIÈME CLASSE

Brevet de perfectionnement d'une durée de vingt ans (3).

TROISIÈME CLASSE

Brevet de rénovation d'une durée de quinze ans.

QUATRIÈME CLASSE

Brevet d'importation et de divulgation de secret, d'une durée de dix ns.

ART. 2. — Seront considérées comme inventions ou découvertes nouvelles et donneront droit à un brevet d'invention de *première classe d'une durée de trente années*:

A. — L'invention de nouveaux produits industriels, quel que soit leur usage, même si ces produits, pourvu qu'ils soient absolument nouveaux, sont obtenus par des moyens plus ou moins connus.

B. — L'invention de procédés, moyens, engins, machines et appareils d'un dispositif nouveau pour l'obtention de résultats ou de produits industriels connus ou inconnus, quel que soit leur usage ou application industrielle ou autre.

C. — L'invention ou la découverte d'un principe scientifique dont l'application et l'utilisation industrielles auront été indiquées pratiquement et simplement de manière à pouvoir être mis en œuvre par les gens du métier.

ART. 3. — Seront considérées comme inventions de perfectionnement et donneront droit à un brevet de *deuxième classe*, d'une durée de *vingt années*:

A. — L'application nouvelle de moyens, procédés, machines, engins, appareils ou produits connus, pour l'obtention d'un produit ou d'un résultat industriel plus ou moins connu, mais n'ayant jamais été obtenu jusqu'alors, par l'emploi de ces moyens, procédés machines, engins, appareils ou produits.

B. — Les perfectionnements apportés aux machines, engins et appareils, procédés, moyens ou produits de tous genres et de tous systèmes, produisant un résultat nouveau, soit dans le prix de revient, soit dans la qualité des produits, soit dans le fonctionnement ; ou procurant une économie, dans les dépenses ou le temps,

dans l'usage de ces machines, engins, appareils, procédés, moyens ou produits;

ART. 4. — Seront considérées comme brevetables et donneront droit à un brevet de rénovation de *troisième classe*, d'une durée de *quinze années* :

Les rénovations d'inventions ou procédés, machines, engins, appareils, produits ou moyens qui sont tombés en désuétude et notoirement abandonnés, et n'auront pas été exploités depuis plus de *cinquante ans*, alors même que ces procédés, machines, engins, appareils, produits ou moyens auraient fait l'objet de publications dans des ouvrages plus ou moins techniques, ou dans des brevets expirés depuis plus de cinquante ans, et dont l'exploitation aurait cessé antérieurement à cette époque.

ART. 5. — Seront considérées comme brevetables sous le nom de brevet de divulgation ou d'importation et donneront droit à un brevet de *quatrième classe d'une durée de dix années* :

A. — L'importation dans le pays, et la divulgation d'inventions industrielles étrangères, non brevetées et tenues secrètes qui ne sont pas connues ni exploitées dans le pays d'importation mais qui sont en pratique à l'étranger, sous quelque forme que ce soit : machines, engins, appareils, procédés, moyens ou produits.

Dans ces cas, le demandeur devra, dans sa description, fournir tous les détails pratiques et industriels pour la réussite complète de l'objet du brevet, avec plans, dessins, formules, etc ; comme s'il s'agissait d'une invention nouvelle et personnelle.

Il devra faire connaître les tours de mains et tous moyens propres à assurer la réussite des procédés qu'il aura reconstitués.

B. — La reconstitution et la divulgation des procédés industriels non brevetés et tenus secrets : comme il est dit ci-dessus (paragraphe A). Le brevet, ainsi obtenu n'aura aucune force à l'égard de celui ou de ceux qui, notoirement, détiennent et exploitent ce secret, mais sera valable à l'égard des tiers qui ne connaissaient pas et bénéficient de la reconstitution et de la publication du secret dévoilé par le brevet (1).

ART. 6. — Les inventions sont personnelles à moins d'être le fruit d'une collaboration parfaitement déterminée et prévue en vue de recherches communes dans un but spécifié.

ART. 7. — Quiconque : ouvrier, employé ou tout autre, travaillant à gages, dans une fabrique, usine, etc., qui fera une invention ou une découverte, dans le cours de son travail journalier et habituel, sera maître et légitime propriétaire de son invention ou de sa découverte sauf conventions contraires, spéciales écrites et spécifiées.

---

1. Voir l'avant-propos publié dans le « Bulletin de la C.S.I. » n° du 15 janvier de la « Revue Technique Industrielle ».

2. (Notes importantes). L'examen préalable, n'offrant pas une garantie absolue et causant de grands frais et de nombreux ennuis à l'inventeur tout en engageant le gouvernement dans une certaine mesure, il vaut mieux ne pas y avoir recours.

Il ne faut pas oublier, en effet, que même en Allemagne, des brevets délivrés après examen préalable ont été frappés de nullité. Il en est de même en Angleterre, aux États-Unis, etc.

3. La durée des brevets, en Belgique, est de vingt ans.

1. — A. La première classe ne comprendra qu'un très petit nombre de brevets à délivrer car elle ne s'applique qu'aux inventions nouvelles de toutes pièces et, par conséquent, fort rares. Les inventeurs ne pourront et ne devront recourir à cette classe de brevets qu'exceptionnellement. B. La deuxième classe est celle qui comprend aujourd'hui presque tout ce que l'on appelle une invention. Elle répond à tous les faits et *desiderata* de la question. C. La troisième classe présente une certaine importance et se justifie par le fait que celui qui retrouve un ancien procédé ou un ancien produit a droit à un privilège en compensation de son temps perdu et des frais nécessités par la reconstitution, même pur et simple, de ce procédé ou de ce produit. En redonnant la vie ou en remettant en œuvre un procédé oublié ou qui n'a jamais été exploité, il ne crée pas plus que celui qui découvre une mine, mais il le fait connaître et rend service. Il a donc droit à une compensation. Enfin ce cas est prévu dans les nouvelles lois étrangères, sur les brevets, en plusieurs pays : Allemagne où l'on peut breveter pour 15 ans une invention décrite ou imprimée et rendue publique, datant de plus de cent ans (ce qui est trop) ; en Angleterre, où on peut breveter pour 4 ans les inventions qui n'ont pas été employées généralement et qui ne sont pas connues d'une invention étrangère brevetée depuis moins de deux ans dans un autre pays ; en Hongrie, où on peut breveter pour 15 ans les inventions connues, remontant à un siècle et tombées en désuétude. D. En permettant de breveter une invention tenue secrète et non brevetée à l'étranger, c'est encourager et développer l'industrie en faisant connaître au profit de tous les procédés inconnus.

Ce cas est prévu en Italie, où on peut breveter pour 15 ans les inventions tenues secrètes à l'étranger ; en Portugal où on peut breveter pour 15 ans les inventions datant de plus d'un siècle ou qui sont inconnues en Portugal ; aux États-Unis où on peut breveter une invention notoirement abandonnée.

Art. 8. — Quiconque, ingénieur, chimiste, ouvrier, praticien, etc., aura été chargé de faire des recherches dans un but spécifié, aux frais, charges, risques et périls d'un industriel, d'une société ou de tout autre, pourra exiger que son nom soit mentionné dans le brevet qui serait pris pour couvrir la propriété de ses travaux, au profit de l'industriel, de la société ou de tout autre. Les profits et bénéfices à tirer de l'invention ainsi réalisée, seront déterminés par le contrat qui devra lier les parties.

Art. 9. — Tout inventeur qui cédera un brevet ne pourra être tenu d'y joindre ultérieurement, que les inventions et perfectionnements se rattachant d'une façon certaine et directe au brevet cédé, sans généralités parallèles, dans un même ordre d'idées, à moins de conventions absolument spéciales et expresses, déterminant avec précision la nature des objets visés et revendiqués dans une classe de produits déterminés et particuliers, sans généralités.

S'il s'agit de produits chimiques, on devra délimiter la classe des produits envisagés : alcools, sucres, matières tinctoriales de tel groupe, etc ; s'il s'agit d'engins de guerre, déterminer la nature, affûts, canons, projectiles, torpilles, de telle nature, etc., s'il s'agit de machines déterminer la classe et la nature des dites machines, etc. Toutes convocations générales de nature à paralyser la liberté de l'inventeur par excès de généralités et par abus de revendications en ayant pour but ou pour effet d'aliéner son existence, sans une réciprocité nettement stipulée, garantie et équitable, seront déclarées nulles.

Certificats et brevets d'addition

Art. 10. — Le breveté aura le droit, pendant toute la durée du brevet, de prendre des certificats d'addition, en vue d'apporter à l'invention brevetée, des changements, perfectionnements ou additions.

Ces certificats d'addition, demandés et délivrés dans les mêmes formes que les brevets, s'incorporent au brevet principal pour le renforcer au besoin, auquel ils se rattachent et doivent, à peine de nullité, s'y rattacher d'une façon certaine et directe. Ils ont la même force et valeur légale que le brevet lui-même, avec lequel ils prennent fin.

Art. 11. — Les certificats d'addition pris par le breveté ou par les cessionnaires, en cas de monopole d'exploitation *visé au titre troisième*, profiteront à tous ceux qui ont droit au brevet auquel ils se rattachent.

Art. 12. — Pendant la première année, les brevetés ou les ayant-droit, auront seuls le droit de prendre valablement des certificats d'addition ou des brevets d'addition pour perfectionnements apportés à l'invention faisant l'objet du brevet auquel ils se rattachent et qui devra être indiqué avec précision dans la description des *brevets d'addition*.

Ces *brevets d'addition* auront la durée pleine et entière de la classe à laquelle ils appartiennent, et indépendante de la durée du brevet principal auquel ils se rattachent.

Art. 13. — Les brevets d'addition se rattachant à un brevet périmé ne sont valables que pour les perfectionnements qu'ils contiennent, sans rénovation ni prolongation possible du brevet auquel ils se rattachent.

Art. 14. — Quiconque, après la première année expirée, aura pris un brevet pour changements, perfectionnements ou additions à l'objet d'un autre brevet, n'aura aucun droit de propriété sur le premier brevet auquel se rattache le second. Les inventeurs pourront s'entendre entre eux pour faciliter l'exploitation commune de leurs inventions successives et en partager les profits et redevances dans les proportions qu'ils jugeront convenables, suivant l'importance du perfectionnement, et régler ces redevances d'un commun accord par arbitrage ou par décision judiciaire.

Pour une même invention, l'exploitant ne pourra être tenu à plus d'une redevance, même s'il y a plusieurs brevets pris pour cette invention, pourvu que les brevets de perfectionnements se rattachent directement et d'une façon certaine au brevet primitif sur lequel est basée la redevance et que ce brevet ne change pas du tout au tout la nature du brevet principal auquel il se rattache.

Prolongation

Art. 15. — En aucun cas la durée des brevets délivrés ne pourra être prolongée.

Taxes
des brevets en général et des certificats d'addition

Art. 16. — Chaque brevet à exploitation libre, *visée au titre deuxième*, avec redevances, quelle que soit sa nature et la classe à laquelle il appartiendra, donnera lieu au paiement d'une taxe unique, une fois payée, lors de la demande, qui est fixée à cinquante francs (1).

Art. 17. — Chaque certificat d'addition à un brevet quelconque donnera lieu au paiement d'une taxe unique, une fois payée, lors de la demande, qui est fixée à vingt francs.

Art. 18. — Chaque brevet à exploitation monopolisée, *visée au titre troisième*, qui ne pourront appartenir qu'à la première et à la seconde classe et qui n'auraient alors qu'une durée respective de 25 et 18 ans, donnera lieu au paiement d'une taxe annuelle de 50 fr. pour la première année, de 60 fr. pour la deuxième, de 70 francs pour la troisième et ainsi de suite en augmentant de 10 francs d'année en année, pour les brevets de première classe ; et de 50 francs pour la première année, 55 francs pour la deuxième, 60 francs pour la troisième et ainsi de suite en augmentant de 5 francs par année pour les brevets de deuxième classe (2).

Art. 19. — Le non paiement de cette taxe annuelle (article précédent) au plus tard un mois après son échéance, fera tomber, *d'office*, le brevet y relatif, *dans le domaine de l'exploitation libre avec redevances* et toutes ses conséquences, visée au titre deuxième de cette loi et comme il y est dit.

A dater de ce moment, *le breveté n'aura plus de taxe à payer*, mais les taxes payées seront acquises à l'État.

La *non exploitation* : fabrication, mise en circulation et en vente, dans le délai de 2 années à dater du jour de la délivrance du brevet ou l'interruption d'exploitation (on peut en effet cesser de fabriquer sans cesser la mise en vente si la production a été forcée bien au-delà de l'écoulement des produits) de l'objet breveté, pendant le délai de deux ans, quelle qu'en soit la cause, pourra entraîner la chute du brevet, à la demande d'un intéressé ; *dans le domaine de la libre exploitation avec redevances*, comme il est dit ci-dessus.

En aucun cas, un brevet quelconque, pendant toute sa durée ne peut tomber dans le domaine public avec exploitation gratuite et l'inventeur être dépossédé, si ce n'est pour cause de nullité judiciairement et définitivement prononcée et passée en force de chose jugée.

Art. 20. — La durée des brevets à exploitation monopolisée (titre troisième) qui tomberont dans le domaine de la libre exploitation avec redevances, pourra n'être, ni changée ni augmentée. Elle restera fixée à la durée indiquée lors de la délivrance du brevet qui sera de 25 années pour la première classe et de 18 années pour la deuxième classe.

(A suivre).

E. TURPIN.

---

1. En Belgique, la première annuité n'est que de dix francs et croît tous les ans. En Angleterre 125 fr. pour quatre ans. Aux Etats-Unis il n'y a pas d'annuités à payer, la taxe est totale à la demande du brevet. La taxe unique de 50 fr. est largement et avantageusement compensée et plus équitablement répartie par la taxe d'exploitation, visée au titre deuxième.

2. Dans un grand nombre de pays, les taxes sont progressives : en Allemagne, la taxe croît de 65 fr. par année; en Autriche, la taxe croît constamment et de plus en plus, d'année en année; au Brésil, la taxe croît de 30 fr. chaque année. Au Danemark, en Espagne, en Hongrie, en Italie, dans le Luxembourg, en Suède, en Norvège, en Russie et en Suisse la taxe augmente de 10 à 50 francs par année et au-delà, et la moyenne des taxes est plus élevée que la taxe proposée pour la France dans le présent projet.

Texte du Projet de Loi

TITRE DEUXIÈME

Exploitation, taxes, redevances à l'inventeur, poursuites en paiement, consignation.

ART. 21. — Le monopole d'exploitation industrielle est aboli, en principe. Toutefois, l'inventeur qui voudra, à cet égard, se réserver un droit exclusif, pourra le faire en l'indiquant expressément dans sa demande de brevet et en tête de sa description. Cette faveur lui sera accordée aux conditions stipulées plus bas, *titre troisième et ci-dessus art. 18, 19, 20*, au sujet de la taxe spéciale et de son non paiement et de la non exploitation qui sont affectées aux brevets de ce genre.

ART. 22. — Sauf en cas de réserves expressément stipulées par l'inventeur, lors de sa demande et mentionnées en tête de sa description, tous les industriels, fabricants ou commerçants payants patente et figurants comme tels aux rôles des contributions, à peine d'être réputés contrefacteurs, pourront exploiter librement, aux mieux de leurs intérêts, toutes les inventions brevetées qui peuvent les intéresser, sous les conditions expresses, stipulées ci-après (1). :

1. *Notes explicatives.* Cette division en deux classes de genre d'exploitation répond à un besoin absolu. On peut, en effet, diviser les inventeurs en deux classes : 1° la classe qui comprend le grand nombre des inventeurs pauvres, n'ayant pas de matériel, ni les moyens ni les ressources d'exploiter *par eux-mêmes* plus ou moins directement leurs inventions. N'ayant pour toute fortune que leur cerveau et leur intelligence, beaucoup vivent au jour le jour. — Dans ces conditions, la loi doit être à leur portée et rédigée de manière à les garantir et à leur faciliter la vie. C'est pourquoi il est juste et équitable de les affranchir des taxes annuelles et des conséquences désastreuses et iniques qu'elles entraînaient sous l'empire de la loi de 1844 et de faire retomber ces charges sur les exploitants, les industriels.

Dans cette combinaison, le Trésor, loin d'y perdre, y gagnera considérablement, voici pourquoi et comment : Souvent la misère ou les découragements entraînaient l'inventeur à ne plus payer les annuités de ses brevets, dont il avait été trop, au bout d'une ou de deux années, parce qu'ils ne lui rapportaient pas assez vite et se ruinait à prendre toujours de nouveaux brevets dans l'espoir chimérique d'aller plus vite et se noyait de plus en plus. Dans ce cas, ou mauvais, les brevets tombés ne rapportaient et ne pouvaient plus rien rapporter, ni à l'inventeur, ni au Trésor.

Les industriels seuls pouvaient bénéficier de ces déchéances sans profit pour personne. C'était donc un non-sens, double d'une iniquité. En outre, c'est de deux choses l'une : ou un brevet est mauvais, ou il est bon. S'il est mauvais, de quel droit exiger de l'inventeur le paiement d'une taxe ? C'est un abus. S'il est bon, par la combinaison indiquée ici, le Trésor y gagnera beaucoup. En effet, la mise en exploitation, par la libre concurrence, va surgir de tous côtés et le nombre des exploitants pourra être considérable. Si on admet seulement dix exploitants pour un brevet bon, l'État gagnera dix fois cinquante francs, par année, soit cinq cents francs, tandis que l'inventeur ne paierait, sous le régime actuel, que cent francs par an. Donc, il résulterait de la nouvelle loi un bénéfice considérable pour le fisc, tout en étant plus équitable envers l'inventeur.

Il y a plus, il arrive souvent qu'un brevet ne devient bon, au point de vue industriel, qu'au bout de quelques années, c'est le cas général, car il faut faire connaître l'invention et c'est pourquoi la durée des brevets d'invention, proprement dits, première et deuxième classe, doit être prolongée. Or, pendant la période d'incubation, l'inventeur pauvre ne recevant rien, abandonnait son brevet et au moment où, plus tard ou l'exploitait, il n'avait plus droit à rien, mais le Trésor non plus. En évitant la chute dans le domaine public, on sauve les intérêts de l'inventeur et ceux de l'inventeur, tout il est vrai que l'intérêt d'un seul est l'intérêt de tous, puisque pour exploiter l'invention, même tardivement, il faudra payer une taxe.

2° La seconde classe des inventeurs est celle qui comprend les industriels, les sociétés anonymes ou autres, les fabricants, les commerçants et les personnes en position d'exploiter par eux-mêmes, avec leurs propres moyens et leurs propres ressources leurs propres inventions ou une invention achetée dans l'œuf.

Il est difficile de refuser à l'inventeur le droit absolu à la propriété de

ART. 23. — Tout industriel, fabricant ou commerçant, qui voudra exploiter une invention brevetée, devra, *avant tout commencement d'exploitation*, payer une taxe d'exploitation de cinquante francs à la Recette centrale de son département.

Le paiement de cette taxe sera annuelle, pendant toute la durée de *l'exploitation*, et sera constatée par un récépissé spécial à talon et à souche, pour taxe d'exploitation délivré au nom du demandeur et portant le numéro du brevet qu'il voudra exploiter, et le nom du titulaire de ce brevet ainsi que le titre de ce brevet. Le talon de ce récépissé sera joint à une déclaration d'exploitation rédigée par le demandeur et adressée au Ministre du Commerce et de l'Industrie.

Le même jour, et par lettre recommandée, le demandeur devra informer l'inventeur de son intention d'exploiter son invention brevetée sous tel numéro, titre et date.

L'inventeur devra répondre dans les huit jours, au demandeur, et faire ses observations s'il y a lieu, au sujet des redevances, également par lettre recommandée. Ces formalités une fois remplies et les parties étant d'accord, l'exploitation pourra être immédiatement entreprise.

Avant la *première livraison* d'objets brevetés, l'exploitant fera connaître à l'inventeur le prix de vente *fort* indiqué au tarif, par une lettre signée du chef d'établissement.

Pour éviter toutes complications et reddition de comptes sur les prix de revient, bénéfices, etc., c'est sur le *prix brut*

son œuvre, mais comme, dans ce cas, il entend garder pour lui tout le profit et être le maître absolu de son invention, il est également juste de lui appliquer un traitement qu'il pourra facilement supporter et auquel il pourra toujours renoncer sans crainte d'être dépouillé.

La division en première et seconde classe des brevets d'invention proprement dits, a également sa raison d'être. En effet, celui qui dote la société d'un produit quelconque entièrement nouveau a plus de mérite et aura plus de profits à en retirer que celui qui combine une nouveauté à l'aide de moyens connus. Le privilège de la première classe doit être le plus long. D'ailleurs c'est le cas le plus rare, il sera même très rare de nos jours.

L'exploitation libre avec redevances et qui vise surtout l'inventeur pauvre, cependant si intéressant, a encore un autre avantage : c'est de régler les prétentions de l'inventeur et de le protéger contre lui-même. Beaucoup d'inventeurs, en effet, calculant le profit à réaliser sur le résultat plus ou moins réel obtenu et aussi à la pleine qu'ils ont eue, élèvent des prétentions qui, étant inadmissibles, les conduisent à la ruine, totale et à la perte de leurs travaux.

L'exploitation de leurs inventions pouvant se faire, en quelque sorte, malgré eux, si celles-ci sont bonnes, elles ne tarderont pas à se développer et à se répandre à la faveur d'un grand nombre d'exploitants, et ils recevront bien plus rapidement et plus sûrement la part qui leur est due, qu'en poursuivant des millions immédiats mais chimériques qui leur échapperaient toujours. Leurs prétentions exagérées ne servent qu'à les faire dépouiller ou à se ruiner eux-mêmes en procès, etc. Si les inventeurs sont un peu fous, c'est à la loi à les protéger et à les aider dans leurs bienfaisantes et utiles folies.

Par la disposition de la présente loi, tout le monde y gagnera.

1° Les droits et les intérêts des inventeurs seront mieux protégés que jamais et que partout ailleurs ;

2° Le fisc recevra davantage et plus équitablement ;

3° Les industriels seront plus libres et ne paieront que s'ils réalisent des bénéfices, sauf la taxe, très minime ;

4° La concurrence pouvant s'établir librement, les prix des objets baisseront tout en se répandant à l'infini, ce qui sera à l'avantage de l'inventeur et surtout du public qui ne sera plus autant exposé à une exploitation exagérée ;

5° Les offices de brevets et les avocats spécialistes verront leurs affaires se multiplier sous toutes les formes, par les consultations, arbitrages, etc.

prix fort, de vente, sans escompte ni remise, que sera établi le taux de la redevance à l'inventeur.

ART. 24. — Un registre spécial, paraphé par le Tribunal de Commerce de la région où l'exploitation aura lieu, servira à enregistrer au jour le jour, fidèlement et sans omissions, les livraisons des objets brevetés qui seront faites avec les noms et adresses des clients et le prix fort de vente, escompte non déduit. Ce livre sera toujours tenu à jour et sera mis à la disposition de l'inventeur.

Si, dans le cours de l'exploitation, l'exploitant est amené, pour une cause ou pour une autre, à élever ou à abaisser les prix de vente, bruts, des objets brevetés et indiqués, il devra en informer immédiatement l'inventeur dont il exploite le brevet et l'invention.

ART. 25. — Sur ce prix de vente brut établi par l'exploitant, au mieux de ses intérêts, et sans fraude, l'inventeur aura droit à une redevance qui ne pourra excéder dix pour cent (10 °/₀) du prix de vente *fort*, indiqué au tarif de l'exploitant.

ART. 26. — L'inventeur, titulaire du brevet exploité, pourra toujours, par un *traité écrit*, diminuer le taux de cette redevance s'il le juge à propos, ou recevoir une somme, une fois pour toutes, pour un droit d'exploitation de l'un des exploitants pour toute la durée du brevet. Dans ce dernier cas, l'exploitant devra, pendant tout le temps *qu'il exploitera le brevet*, payer régulièrement la taxe annuelle, et, en cas de non paiement, s'il n'a pas fait une déclaration formelle au Ministre du Commerce et de l'Industrie, avant l'échéance de rénonciation d'exploitation, il pourra être poursuivi par le fisc comme pour des contributions ordinaires.

L'exploitation de l'invention faisant l'objet d'un contrat spécial entre un exploitant et l'inventeur breveté ne sera nullement entravée pour tous les autres industriels, fabricants ou commerçants qui voudront exploiter le même brevet et qui pourront aussi s'entendre avec l'inventeur ou lui payer la redevance de dix pour cent sur le prix de vente brut.

ART. 27. — Dans le cas où l'invention brevetée ne porterait pas sur un objet distinct et facile à en contrôler la nature et le caractère, ainsi que le prix de vente, mais porterait sur un perfectionnement de machine, sur un organe, sur un résultat industriel nouveau ou sur une économie de valeur de cet organe, de ce perfectionnement, du résultat obtenu, ou de l'économie réalisée, pourra être établie d'un commun accord entre l'inventeur et l'exploitant, ou être fixée équitablement en raison du progrès réalisé ou de l'économie obtenue, par arbitrage ou en cas de désaccord, par les tribunaux. C'est sur la valeur vénale ou fictive de l'objet : organe ; perfectionnement ; économie ; etc., que sera fixée la redevance toujours égale à dix pour cent du résultat brut obtenu ou du prix que pourrait être vendu, en plus, un appareil ou un produit bénéficiant de l'invention appliquée au système ou sur l'économie réalisée par l'industriel.

L'objet de l'invention sera toujours considéré en raison du service qu'il rend et comme s'il pouvait être vendu seul et isolément à un prix assez rémunérateur pour les services qu'il rend. S'il s'agit d'économies réalisées ou d'une plus value dans le produit fabriqué, mais n'ayant pas un caractère distinctif de nouveauté, c'est sur ces points que devra partir la redevance.

Enfin, si le perfectionnement est tel que l'appareil, la machine, le métier, etc., se trouve, en fait, considérablement amélioré dans son fonctionnement, son rendement et la perfection des produits fabriqués, c'est sur le prix total du métier, de la machine, ou de l'appareil que la redevance sera due, à moins que ce soit sur le prix du produit fabriqué, suivant l'entente des parties.

Comme sous l'empire de la loi de 1844 et dans toutes les questions d'exploitation de brevets, parfois fort complexes, c'est aux parties en cause à se mettre d'accord, la présente loi, sans rien changer à la matière, ayant pour but de concilier tous les intérêts et de décharger le plus possible l'inventeur tout en facilitant et favorisant le développement de l'Industrie, au profit de la masse.

TEXTE DU PROJET DE LOI

Art. 28. — Tant que les parties : inventeur breveté et exploitant en instance ne seront pas tombées d'accord, l'exploitation du brevet en cause ne pourra avoir lieu sans le consentement écrit de l'inventeur avec ou sans délai, et sans avoir, au préalable, acquitté la taxe annuelle d'exploitation de cinquante francs, comme il a été dit à l'article 23.

Art. 29. — Lorsque le taux de la redevance aura été établi et le brevet mis en exploitation régulière, le breveté pourra demander le paiement des redevances tous les mois, tous les trimestres ou tous les semestres au maximum, suivant les conventions prises entre l'inventeur et l'exploitant. L'état de vente sur lequel sera établi le montant de chaque paiement de redevance sera certifié sincère et véritable par le chef ou le Directeur de l'établissement exploitant et remis à l'inventeur.

Art. 30. — Le recouvrement des redevances non payé à l'inventeur par l'exploitant, ou à son fondé de pouvoirs par procuration notariée, pourra être poursuivi devant la justice de paix ou les tribunaux de commerce.

Art. 31. — Les sommes dues pour redevances pour exploitation de brevet seront considérées comme privilégiées à l'égard des créanciers de commerce et, en cas de faillite seront payées avant tout partage, et considérées comme salaire, conformément aux articles 549 du code de commerce et 1201 du code civil.

Art. 32. — L'exploitant qui voudra cesser d'exploiter un brevet, devra en informer par une déclaration écrite, le Ministre du commerce et de l'industrie, la Recette Centrale et l'inventeur, avant l'époque de l'échéance du paiement de la taxe annuelle. La taxe payée pour l'année courante, en cas de cessation d'exploitation, restera acquise au trésor.

Art. 33. — Lorsque la cessation d'exploitation aura été dénoncée, l'exploitant devra fournir dans le délai d'un mois, un solde de compte à l'inventeur dans lequel figurera les marchandises brevetées en magasin sur lesquelles l'inventeur recevra la redevance (1) à laquelle il a droit, à moins que l'exploitant ne préfère détruire les objets, en cas de non-

1. *Notes explicatives.* — La redevance de 10 % fixée à l'article 25, peut en certains cas, paraître trop faible à première vue, cependant je crois qu'en y réfléchissant de plus près et en examinant les faits, on la trouvera suffisante. Il faut bien considérer en effet, que ces dix pour cent portent sur le prix fort, sans escompte, et que ce prix fort comprend le prix de la matière première, la façon, les frais généraux, etc. : sur la totalité desquels, l'inventeur touchera net, sans frais, sans charges, la partie la plus nette du bénéfice. L'industriel, de son côté, devra établir ses prix de vente fort en conséquence, et comme il est libre de ses actions, rien n'est plus facile.

L'industriel, est, en effet maître d'exploiter ou de ne pas exploiter, de cesser l'exploitation quand il le jugera à propos, d'établir ses prix de vente, remise, escompte comme il l'entend et au mieux de ses intérêts. Enfin, s'il juge la redevance trop forte, il pourra s'entendre de gré à gré avec le breveté. Toutes facilités sont donc données aux parties et ce taux de dix pour cent n'est qu'un maximum, ayant pour but de limiter les prétentions et abus de l'inventeur.

vente, ou obtenir un rabais de l'inventeur en cas de solde à bas prix.

Art. 34. — Dans le cas où un industriel, un fabricant ou un commerçant voulant exploiter une invention brevetée se croirait fondé à demander la nullité dudit brevet, pour une cause quelconque, il ne pourra pas, néanmoins, entreprendre l'exploitation de ce brevet avant d'avoir rempli les formalités prescrites aux articles 23 et 24 de la présente loi.

Art. 35. — Pendant toute la durée du procès et jusqu'à ce qu'une décision judiciaire définitive ait été rendue, ou qu'il ait donné son désistement et qu'il soit accepté, l'exploitant devra tenir une comptabilité en règle des objets brevetés, fabriqués par lui, conformément aux articles 24 et 25 de la présente loi et déposer le montant des redevances à la Caisse des Dépôts et Consignations, intégralement et fidèlement, comme si le brevet n'était pas contesté, à peine de pouvoir être poursuivi pour manœuvres frauduleuses et comme contrefacteur.

Dans leurs jugements et arrêts, les tribunaux, en cas de demande en dommages et intérêts, de part ou de l'autre, tiendront compte du montant des sommes déposées à la Caisse des Dépôts et Consignations, comme redevances contestées, pour apprécier les bénéfices qui auront pu être réalisés par l'exploitation du brevet en litige. Il sera tenu compte, également, de savoir si l'exploitant fabriquait ou ne fabriquait pas, avant la prise du brevet, les produits qui en font l'objet et s'il a eu connaissance des procédés exploités par la publication du brevet contesté. Tout en déclarant le brevet nul, s'il y a lieu les tribunaux pourront accorder une indemnité au breveté s'il est prouvé que c'est par lui que l'exploitant a eu connaissance des procédés qui font l'objet du litige. En effet dans ce cas, le travail du breveté, nul au point de vue légal, n'en aura pas moins été utile et fructueux pour l'exploitant, en quelque sorte mal fondé à se plaindre personnellement, à ce point de vue, et il est juste que le breveté reçoive une compensation ou service qu'il aura rendu à celui qui l'attaque, au même titre qu'un intermédiaire ou un courtier reçoit une commission.

Rechercher, publier, divulguer, telle est l'œuvre utile à tous de l'inventeur qui doit être encouragé, respecté et récompensé pour qu'il puisse vivre de son métier (1).

Le brevet qui aura été demandé et obtenu dans une classe supérieure à la classe dans laquelle le brevet devait être demandé et délivré sera réintégré dans la classe à laquelle il appartient, que ce soit de un, deux ou trois degrés en dessous.

Le brevet pourra rétrograder, en classe, sur la demande d'un intéressé, soit par arbitrage, soit par décision judiciaire,

1. En Angleterre il y a un tribunal d'équité qui ne juge pas en droit mais en équité. — C'est le principal tribunal de Londres et celui qui rend le plus de services.

soit par la simple volonté du breveté, reconnaissant son erreur par une déclaration spontanée au Ministre du Commerce, afin de s'éviter les ennuis et les risques d'un procès.

Art. 37. — La rétrogradation d'un brevet d'une classe dans une classe inférieure, quel qu'en soit le motif, emportera le paiement d'une taxe fixée à la somme de cinquante francs, une fois payée. Le breveté pourra être poursuivi par le fisc pour le paiement de cette taxe.

Le paiement de cette taxe de mutation d'une classe à une autre aura lieu à la Recette Centrale du département où aura été pris le brevet en cause, contre un récépissé de mutation. Le Ministre du Commerce en sera officiellement informé du titre du brevet modifié selon la classe et la durée qui en résultent.

Art. 38. — Si la rétrogradation est la conséquence d'une fraude manifeste et ordonnée comme telle, par décision judiciaire, le breveté pourra être condamné outre la taxe indiquée en l'article précédent à une surtaxe de cinquante à cinq cents francs, suivant le cas.

Art. 39. — Si dans le délai de cinq ans, il y a récidive de fraude, l'amende de surtaxe pourra être portée en double.

En aucun cas, si le brevet est valable, il ne pourra tomber dans le domaine public à exploitation gratuite, pendant toute la durée déterminée par le nouveau classement.

Art. 40. — Tous les objets brevetés porteront une plaque indiquant le numéro et le nom du brevet et du breveté, avec le nom, ou les initiales ou la marque de fabrique de l'exploitant.

Les objets sur lesquels il ne serait pas possible d'appliquer cette indication seront enveloppés, soit dans une feuille de papier, soit dans un carton ou tout autre emballage portant les indications sus-indiquées.

Art. 41. — Les inventeurs brevetés dans l'une des 4 classes indiquées dans le présent titre deuxième auront également le droit d'exploiter leur brevet par eux mêmes concurremment avec tous autres exploitants, comme il est dit, mais ils auront à payer les taxes annuelles d'exploitation les mêmes formalités à suivre, et à remplir pour mettre en œuvre cette exploitation, vis à vis du Trésor et du Ministère du Commerce (1).

TITRE TROISIÈME
Exploitation monopolisée

Art. 42. — L'inventeur qui voudra, soit par suite de sa situation industrielle, de la puissance de ses ressources et moyens d'action, soit pour toute autre cause, conserver à son profit le monopole exclusif ou droit d'exploitation pourra le faire aux conditions stipulées ci-après.

Art. 43. — Les brevets de première ou de deuxième classe donneront seuls le droit à une exploitation exclusive et monopolisée à la volonté de l'inventeur, seul.

Art. 44. — L'inventeur qui voudra jouir de ce privilège devra le spécifier expressément dans sa demande au Ministre du Commerce et de l'Industrie et l'indiquer clairement en tête de son mémoire descriptif.

Le titre lui-même, lorsqu'il sera délivré, portera en gros caractères imprimés en rouge à l'aide d'un timbre : « Monopole 1re classe, Vingt-cinq ans » ou « Monopole, 2e classe, dix-huit ans » ; suivant le cas.

Notes Explicatives (1). La liberté d'exploitation, moyennant redevances, est ce que l'on appelle la licence forcée. Ce cas est prévu dans la loi Anglaise (patent act of 1883.) L'article 22 de cette loi prévoit plusieurs cas généraux; en effet, pour lesquels les personnes intéressées peuvent exiger une licence du breveté moyennant une redevance royale qui est fixée par le Conseil des Arts et Manufactures.) Il est donc plus simple de laisser la liberté complète sous les conditions stipulées.

Art. 45. — Les brevets de première classe, à l'exploitation monopolisée, visés aux articles 18, 19, 20 de la présente loi, auront une durée réduite à vingt-cinq ans. Les brevets de deuxième classe, à exploitation monopolisée visés également aux articles 18, 16, 20, auront une durée réduite à dix-huit années.

Art. 46. — Le breveté à l'exploitation monopolisée, pourra céder en tout ou en partie ses droits au brevet à des tiers, moyennant le paiement total de la taxe restant à courir pour la durée du brevet de première ou de seconde classe.

La session, pour être valable à l'égard des tiers, devra être faite par acte notarié et signifié, en expédition de la minute, au Ministère du Commerce et de l'Industrie pour être annexée au brevet et mentionnée sur le titre original, le tout dans le délai d'un mois, à dater du jour de la cession, enregistrement compris.

Les articles 11 et 12 de cette loi s'appliquent au présent article.

Art. 47. — Il sera tenu au Ministère du Commerce et de l'Industrie un registre sur lequel seront inscrites les mutations intervenues sur chaque brevet.

Ces mutations seront publiées, au journal officiel, au fur et à mesure de leur enregistrement avec mention des noms des cédants et des cessionnaires, le numéro, le titre, et la date du brevet cédé.

TITRE QUATRIÈME
Inventions intéressant la défense nationale

Art. 48. — Toutes les inventions d'engins, substances, appareils etc..., pouvant intéresser les armées de terre et de mer pouvant être brevetées, même par des officiers en activité, si ces inventions ont été faites et poursuivies à leurs frais et s'ils en sont les légitimes auteurs et propriétaires, comme il est dit ci-dessus, avec ou sans monopole d'exploitation et aux conditions de taxe et de durée stipulées ci-dessus.

Art. 49. — L'inventeur d'une invention de ce genre qui voudra en conserver le profit exclusif ou une priorité temporaire à son égard, devra le faire savoir dans une lettre spéciale, adressée à part au Ministre du Commerce et de l'Industrie, le jour du dépôt de sa demande de brevet et de son pli cacheté contenant la description de son invention, en triple : original, duplicata, triplicata, à la préfecture du département où il est domicilié. En déposant le dit pli cacheté, il fera mentionner sur l'acte de dépôt ces mots : Engin de guerre à examiner, Guerre ou marine, suivant le cas. Ce pli cacheté sera accompagné d'une note spéciale, apparente, lors de son envoi, par la préfecture, au Ministère du Commerce, afin d'éviter toute confusion et l'ouverture inopportune de ce pli. (1) L'acte de dépôt contiendra la classe et la durée du brevet demandé.

Art. 50. — Dès son arrivée au Ministère du Commerce, ledit pli cacheté sera enregistré, à son tour, en la forme ordinaire, et, dans les cinq jours, sans avoir été ouvert et sous pli cacheté, du Ministère du Commerce, il sera transmis au Ministre de la Guerre ou de la Marine suivant le cas, afin que celui-ci puisse prendre connaissance du contenu, avant toute publication. Ce pli cacheté ne pourra être ouvert qu'en présence

Notes explicatives (1). Plusieurs lois étrangères contiennent en matières de brevets d'invention, des dispositifs analogues, notamment en Hongrie, en Russie, en Turquie.

L'article 44 de la loi anglaise de 1883 est conçu à peu près dans le même terme que ce qui est contenu dans le projet au présent titre quatrième. Depuis longtemps d'ailleurs, on regrette cette grave lacune dans la Loi Française de 1844.

de l'inventeur et, séance tenante, il lui sera remis le triplicata de sa description et dessins, s'il en a, estampillés, signés et datés du Ministre ainsi saisi.

Art. 51. — Dans le délai de quarante cinq jours, *au maximum*, le Ministre de la Guerre ou celui de la marine, devra faire connaître s'il y a lieu de laisser publier le brevet et suivre la marche ordinaire pour la délivrance du titre. Dans ce cas, le ministre compétent retournera le contenu intégral du pli qui lui aura été communiqué, sauf le triplicata remis à l'inventeur à l'ouverture du pli sous le sceau de son département, accompagné d'une note indiquant nettement les motifs de cette décision. Cette note motivée sera communiquée, *dans la huitaine*, de son arrivée, à l'inventeur, par les soins du ministre du commerce et de l'industrie. Le brevet en demande, reprendra alors son cours régulier et sera délivré comme tout autre brevet suivant la forme de la demande.

Art. 52. — Si, au contraire, le ministre de la guerre, ou de la marine, juge à propos de tenir l'invention secrète, soit pour la totalité de la durée du brevet soit pour un temps déterminé, plus ou moins long, il en donnera également avis au ministre du commerce, dans le délai prescrit, et le pli cacheté pourra rester entre ses mains pour le temps déterminé, *après entente avec l'inventeur*. Lorsque l'accord aura été établi entre l'inventeur et le ministre intéressé (Guerre Marine), le titre du brevet, préparé par le ministre du commerce, leur sera transmis pour être délivré, à l'inventeur, avec son mémoire et les dessins, s'il y en a, *duplicata par le département intéressé*, qui délivrera le titre, dans les conditions qui seront stipulées au point de vue de la conservation du secret et de sa durée.

Art. 53. — Si l'invention est assez importante, suivant le jugement du ministre compétent, pour devoir être tenue secrète, complètement, *l'inventeur étant désintéressé* la publication pourra en être complètement interdite et il ne sera pas délivré de duplicata à l'inventeur, qui ne pourra, *en aucun cas* publier ou breveter à l'étranger, l'invention faisant l'objet du contrat. Dans ce cas, et s'il n'y a pas accord entre l'inventeur et le ministre compétent, le breveté pourra être exproprié, à dire des experts compétents, ou par arbitrage, pour cause d'utilité publique (1). L'inventeur sera, en tous cas, indemnisé largement de la valeur de son invention et du profit qu'il aurait pu en tirer raisonnablement. A dater de ce moment, l'inventeur sera soumis aux lois communes en ce qui concerne le secret de son invention.

Art. 54. — Si le secret de l'invention est conservé temporairement ou définitivement, le nom de l'inventeur, et le numéro du brevet, sans autres indications, seront publiés à l'of-

ficiel, comme il sera dit, en la forme ordinaire et à son tour de rôle comme si le brevet avait été régulièrement délivré.

Art. 55. — Si le secret n'est que temporaire, le brevet sera publié, comme les autres, à l'expiration du délai déterminé. et sera, à nouveau, avec titre complet, publié en la forme ordinaire, à l'officiel est comme il a dit plus bas *au titre septième*.

Art. 56. — Tout brevet qui, n'ayant pas été demandé dans les conditions du présent titre, intéressait cependant la défense nationale, pourra être exproprié d'office, à dire d'experts ou à l'amiable au profit de l'Etat et la publication ou être interdite, aux conditions et comme il est dit en l'Article 53, soit avant soit après sa délivrance.

Art. 57. — Nul ne pourra attaquer ou contester la valeur d'un brevet qui aura fait l'objet d'un traité avec l'Etat, ni sera fondé a en demander copie si le secret en a été ordonné.

La révélation ou la publication du contenu d'un brevet déclaré secret est formellement interdite à qui que ce soit et sous une forme quelconque, à peine de tomber sous le coup des lois édictées en matière d'espionnage ou de trahison (1).

TITRE CINQUIÈME

Formalités relatives à la demande des brevets et des certificats d'addition et à leur délivrance

Art. 58. — Quiconque voudra prendre un brevet quelconque pour l'une des causes et dans l'une des catégories et classes énumérées ci-dessus dans la présente loi, devra déposer, sous cachets, au secrétariat de la préfecture dans le département où il est domicilié, ou dans tout autre département en y élisant domicile :

a) Sa demande au ministre du Commerce et de l'Industrie ;

b) Une description de la découverte, invention, application, rénovation, ou importation et divulgation de secret, faisant l'objet du brevet demandé.

c) Les dessins ou échantillons ou modèles qui seraient nécessaires pour l'intelligence de la description ;

d) Un bordereau des pièces déposées ;

Art. 59. — La demande de brevet sera limitée à un seul objet principal. Elle indiquera le titre à donner au brevet lequel doit faire connaître fidèlement l'objet du brevet ; elle mentionnera la durée, la catégorie et la classe du brevet demandé et précisera si le brevet est demandé avec exploitation monopolisée (*titre troisième de la loi*) : ou avec exploitation libre avec redevances (*titre deuxième*). Elle ne contiendra ni restrictions, ni réserves en dehors de celles prévues par la présente loi.

---

1. *Notes explicatives.* L'article 27 de la loi anglaise de 1883, a prévu le cas d'emploi d'autorités d'une invention intéressant la couronne et le cas d'arbitrage.

1. *Notes explicatives.* De leur côté les administrations de la guerre et de la marine pourront toujours se tenir au courant des brevets délivrés ou en cours de délivrance et faire des propositions aux inventeurs en temps opportun et les exproprier, s'il y a lieu, au profit de l'Etat.

TEXTE DU PROJET DE LOI

Art. 60. — La description et les dessins seront exécutés en double ou en triple séries identiques entr' elles et portant sur chaque pièce le mot *original* pour une série ; le mot *duplicata* pour l'autre série et triplicata s'il y a lieu en caractères apparents et en tête des pièces ou dessins et le titre donné au brevet. La description sera en Français, elle devra être aussi courte et précise que possible, parfaitement claire et compréhensible. Les formules, les tours de mains, procédés, etc., seront nettement expliqués et précisés, sans restrictions, ni réserves, ni confusion possible. Elle se terminera par un court résumé désigné sous la rubrique : *Revendications*, dans lequel l'inventeur devra préciser, avec le plus grand soin, tout ce qu'il revendique comme sa propriété et en conséquence et conclusion de sa description, afin de préciser ce qui est nouveau. Elle devra être sans ratures ni surcharges. Les mots rayés comme nuls seront comptés et constatés, les pages numérotées et paraphées, ainsi que les renvois.

Les dessins numérotés et signés seront tracés à l'encre noire de Chine en traits forts et ne porteront aucune teinte colorée afin qu'ils puissent être reproduits par l'héliogravure avec réduction photographique. Ils ne devront porter aucune écriture ni légende, mais seulement des chiffres ou des lettres se déférant à la description.

Un règlement administratif fera connaître ultérieurement et lors de la promulgation de la présente loi, dans une notice spéciale les formes à donner aux manuscrits, aux dessins, etc., ainsi que les détails nécessaires à l'accomplissement des dites formalités. Cette notice contiendra le texte de la présente loi et sera mise à la disposition du public dans toutes les préfectures, au ministère du Commerce et de l'Industrie et au bureau des brevets moyennant un prix qui ne pourra excéder 1 franc. Cette notice pourra être envoyée par la poste sur demande affranchie et contenant les frais de port et le prix de la notice, en un mandat-poste. Deux bordereaux énumérant simplement la nature et le nombre des pièces remises sous pli cacheté seront, l'un enfermé dans ce pli, l'autre annexé ou écrit sur un des côtés de l'enveloppe du pli cacheté, déposé. Toutes les pièces seront signées par l'inventeur ou par son mandataire par pouvoir spécial, sur papier libre, lequel pouvoir restera annexé à la demande. Elles seront datées et porteront l'adresse de l'inventeur.

Art. 61. — Aucun dépôt ne sera reçu s'il n'est accompagné d'un récépissé constatant le versement de la taxe correspondant à la classe et à la catégorie dans lesquelles le brevet est demandé.

Art. 62. — Chaque dépôt d'une demande de brevet accompagnée du récépissé de versement de la taxe sera constaté dans un procès-verbal dressé sans frais, par le secrétaire général de préfecture, sur un registre à ce destiné exclusivement et signé par le demandeur.

Ce procès-verbal indiquera le jour, la date et *l'heure précise* du dépôt de la demande afin d'établir une date certaine et précise au point de vue de la priorité.

Une expédition dudit procès-verbal sera remise séance tenante au déposant et sans frais.

Art. 63. — La durée du brevet courra du jour du dépôt de la demande.

Art. 64. — Toute demande mal fondée pour cause de description ou planches de dessins irrégulièrement dressées et ne remplissant pas les conditions de formalités indiquées ci-dessus aux articles *du titre cinquième*, ou ne répondant pas à la classe ou à la catégorie dans laquelle elle est formée sera rejetée et la moitié de la somme versée restera acquise au Trésor.

Toutefois, il sera tenu compte de la totalité de la somme et de la date du premier dépôt, si dans le délai de deux mois le demandeur reproduit sa demande en produisant à l'appui, sous le même pli cacheté, les originaux estampillés qui auront été rejetés, et à la condition que la nouvelle description régularisée soit identique, en tous points, aux originaux rejetés, sans changements ni modifications autres que celles indiquées pour la régularisation des pièces.

Ces dispositions s'appliquent de même, et en tous points, aux demandeurs qui auront volontairement retiré leur demande avant la délivrance du brevet qu'ils auraient demandé, quel qu'en soit le motif.

Art. 65. — Les demandes de certificats d'addition ou de brevets d'addition seront soumises aux mêmes formalités que les demandes de brevets principaux auxquels ils se rattachent et dont le demandeur devra indiquer le numéro, le titre la date et le titulaire avec exactitude.

Délivrance des titres

ART. 66. — Aussitôt après l'enregistrement des demandes et dans les cinq jours de la date du dépôt, les préfets transmettront les pièces sous le cachet de l'inventeur au Ministère du Commerce et de l'Industrie en y joignant une copie certifiée du procès verbal de dépôt, le récépissé constant le versement de la taxe et, s'il y a lieu, le pouvoir mentionné dans l'article 59.

ART. 67. — A l'arrivée des pièces au Ministère du Commerce et de l'Industrie il sera procédé sans délai, à l'ouverture, à l'enregistrement des demandes et à l'expédition des brevets dans l'ordre de la réception des dites demandes.

ART. 68. Les brevets dont la demande aura été régulièrement formée seront délivrés sans examen préalable aux risques et périls des demandeurs et sans garantie soit de la nouveauté, soit de la réalité ou du mérite de l'invention, soit de la fidélité ou de l'exactitude de la description.

Un arrêté du Ministre constatant la régularité de la demande et indiquant la classe, la catégorie et la durée du brevet sera délivré au demandeur sur un titre qui constituera le brevet.

A cet arrêté sera joint le duplicata certifié conforme à l'original, par l'inventeur, de la description et des dessins, après que la conformité avec l'expédition originale aura été reconnue et établie au besoin.

La première expédition des brevets sera délivrée sans frais.

Toute expédition ultérieure manuscrite et officielle, demandée par le breveté ou ses ayants-causes donnera lieu au paiement d'une taxe de vingt-cinq francs, qui sera versée en la manière indiquée pour le paiement des taxes de brevet, contre récépissé qui sera joint à la demande d'expédition.

Les frais de copie des dessins resteront à la charge de l'impétrant. Le récépissé de versement devra contenir, très exactement, l'indication du brevet dont on demande l'expédition.

TITRE SIXIÈME

Nullités — Procédure

Nullités :

ART. 69. — Ne sont pas susceptibles d'être brevetés :

a) Les compositions pharmaceutiques ou les remèdes de toute espèce, lesdits objets restant soumis aux lois et règlements qui régissent la matière. (Les produits de toilette, parfumerie hygiénique et antiseptique sont brevetables).

b) Les plans ou combinaisons de crédit ou de finance.

ART. 70. — Les demandes formées pour les objets contenus dans l'article précédent seront rejetées et la totalité de la taxe sera remboursée.

Art. 71. — Seront nuls et de nul effet les brevets délivrés dans les cas suivants :

a) Si la découverte, l'invention, l'application, la rénovation ou l'importation ne sont pas nouvelles ou ne répondent pas aux conditions de brevetabilité de l'une des quatre classes de brevets énumérés au titre premier.

b) Si la découverte, invention, application, etc., n'est pas aux termes de l'article 60 susceptible d'être breveté.

c) Si les brevets portent sur les principes, méthodes, découvertes, conceptions, etc., dont on n'aura pas indiqué les applications industrielles ou les moyens pratiques de les réaliser et d'en tirer parti.

d) Si le brevet est contraire aux bonnes mœurs, à l'ordre ou à la sûreté de l'État et aux lois de la République ; ou portant sur des objets interdits ou prohibés en France.

Toutefois les brevets portant sur les produits industriels monopolisés par l'État, tels que; explosifs, allumettes chimiques, tabacs, etc., seront accordés aux termes de la présente loi, sans restriction ni réserves, mais n'autorisant pas le breveté à passer outre aux lois et règlements qui régissent la matière. En aucun cas l'État ne pourra, sans un accord avec l'inventeur, utiliser dans ses services, *directement ou indirectement, l'objet du brevet, soit totalement, soit partiellement.* Dans le cas contraire, l'État pourra être poursuivi comme contrefacteur à charge de se justifier *par des pièces authentiques, de date certaine et indiscutable.*

e) Si le titre dans lequel le brevet aura été demandé est frauduleux, et n'indique pas le véritable objet de l'invention.

f) Si la description jointe au brevet n'est pas loyale, complète et volontairement insuffisante pour que l'invention puisse être mise en exploitation par les gens du métier à l'aide de la description seule.

g) Les brevets ne portant que sur des différences de proportions des éléments d'un composé connu dans le but proposé, ou de dimension dans des appareils, engins, machines, ne donnant pas d'appareils nouveaux caractéristiques.

h) Si le brevet a été obtenu contrairement aux dispositions de l'article 12.

i) Seront également nuls et de nul effet les certificats comprenant des changements, perfectionnements ou additions qui ne se rattachent pas au brevet principal d'une manière certaine et directe.

ART. 72. — Ne sera pas réputée nouvelle, toute découverte, invention ou application qui aura reçu, antérieurement à la date du dépôt de la demande, une publicité suffisante et réelle, pour pouvoir être exécutée depuis moins de cinquante ans, ou qui n'aura pas été notoirement abandonnée depuis cette époque, dans le pays.

Procédure

ART. 73. — Toutes les actions en nullité de brevet ou pour contestations de classe, seront portées devant les Tribunaux Civils de première instance.

Les parties pourront, néanmoins, recourir à un tribunal arbitral désigné par elles, d'un commun accord et dont les décisions feront loi entre les deux parties, mais seront nulles à l'égard des tiers, non en cause, en ce qui concernera la validité du brevet contesté, lequel pourra toujours être attaqué par quiconque sera fondé à le faire, mais à ses risques et périls, si la demande en nullité n'est pas fondée et de mauvaise foi. Dans ce cas, des dommages-intérêts sérieux seront accordés à l'inventeur.

ART. 74. — Les demandes en nullité de brevet ne pourront être dirigées que contre le breveté et devant le tribunal de son domicile.

ART. 75. — Les contestations en matière de brevets portées devant les tribunaux civils seront instruites et jugées dans les formes prescrites pour les matières sommaires par les articles 405 et suivants du Code de procédure civile. Elles seront communiquées au Procureur de la République et *devront être jugées dans les six mois de la date de l'assignation.*

Si l'affaire est ensuite portée en appel, après la décision des premiers juges, sur le fond, l'arrêt devra être rendu dans les quatre mois qui suivront le dépôt au Greffe de la Cour, de l'acte d'appel.

Art. 76. — En aucun cas les tribunaux ne pourront refuser l'expertise aux parties en cause qui l'auront demandée en vue d'éclairer la religion du Tribunal sur des questions techniques et considérations de métier que les juges ne peuvent être aptes à apprécier dans leurs détails.

Art. 77. — Suivant le cas et l'importance de la cause, le demandeur pourra désigner, pour son compte, un, deux ou trois experts, au maximum. La partie adverse devra en désigner autant et le tribunal en désignera le même nombre et au besoin, plus un, pour obtenir un nombre total impair. Le président de l'expertise sera nommé par les experts au scrutin secret.

Les experts s'engageront, par écrit, avant de commencer leurs travaux, à remplir leur mandat avec loyauté, impartialité et honneur sans restrictions ni réserves.

L'expert convaincu de favoritisme ou de corruption sera déféré aux tribunaux correctionnels ou à la Cour d'assises, suivant le cas et sera passibles de dommages-intérêts envers la partie lésée.

Les honoraires des experts seront réglés suivant l'importance du litige et fixés par le Tribunal.

Les experts sont requis d'office, parmi les industriels et les ingénieurs et inventeurs compétents. Sauf le cas de force majeure, ils ne peuvent se dérober à cette requête mais ils ne sont pas tenus de prendre part à plus d'une affaire par an.

Art. 78. — Lorsqu'un brevet aura été déclaré nul par une décision judiciaire définitive, le breveté devra et au besoin la partie adverse pourra signifier le jugement aux ayants-droit ou cessionnaires du brevet annulé.

Il sera donné avis, d'office, par le Parquet, de la nullité prononcée au Ministre du Commerce et de l'Industrie qui devra la faire publier à l'officiel, lorsqu'elle sera devenue définitive, dans la forme déterminée par la publication des brevets délivrés (1).

TITRE SEPTIÈME
Publication et communication des brevets

Art. 79. — Le titre de tous les brevets et de tous les certificats d'addition qui seront délivrés seront publiés au Journal Officiel et au fur et à mesure de leur délivrance sous la rubrique spéciale et très apparente : *Brevets d'invention*.

L'insertion portera le titre, le numéro et la date du brevet avec les mots: *Exploitation libre avec redevances*, ou *Exploitation monopolisée* avec le nom et l'adresse de l'inventeur.

Les mutations, cessions, nullités, rétrogradations, etc., seront publiés en la même forme et d'une manière claire et précise.

Art. 80 (2). — Tous les brevets et tous les certificats d'addition délivrés seront imprimés ainsi que les dessins qui seront reproduits héliographiquement, dans le délai de trois mois de la date de la délivrance et le tout sera publié sous forme de brochure et vendu au public à un prix qui sera fixé par l'administration suivant l'importance du travail ainsi

que le nombre d'épreuves à tirer de manière à satisfaire aux demandes du public et suivant la valeur et l'importance de l'invention.

Les brevets dont les descriptions seraient fastidieuses et d'une longueur exagérée ainsi que les dessins qui seraient d'un caractère peu sérieux, ne seront publiés que par extraits plus ou moins courts, et par une note on fera connaître le motif des coupures et on renverra au titre lui-même.

Art. 81. — Tous les brevets et certificats d'addition délivrés, seront publiés et mis à la disposition du public, au fur et à mesure de leur publication, dans toutes les préfectures de France et les chefs-lieux des colonies, et seront réunis en recueil par année.

En attendant la publication des brevets, leurs titres seront publiés par fascicules paraissant tous les mois et déposés au secrétariat de chaque préfecture et chef-lieu.

Art. 82. — Toute personne pourra obtenir une communication des brevets authentiques, déposés à Paris, après leur délivrance, sur demande écrite et au besoin une production de pièces d'identité à l'appui. Cette demande pourra être rédigée séance tenante et remise au chef du dépôt des brevets, et le brevet demandé communiqué de suite, s'il n'y a pas empêchement. Il sera examiné sur une table spéciale sous la surveillance du chef du bureau qui classera et conservera les demandes de communication. Il est formellement interdit de se servir d'encre pour copier ou prendre des notes. *Le crayon ordinaire, seul, est autorisé pour prendre des notes.*

Art. 83. — Les originaux et brevets et certificats d'addition aussitôt délivrés, ainsi que les modèles et échantillons déposés, seront transportés pour être conservés dans une salle spéciale, constituant les archives de l'Industrie Nationale, qui sera aménagée à cet effet, au conservatoire des Arts-et-Métiers, à Paris.

Ces brevets seront classés à la suite des brevets d'invention expirés.

Une salle très spacieuse, claire et convenable, située à proximité desdites archives, sera également créée pour permettre au public d'y faire des recherches et des études et de consulter les brevets échus et non échus, d'une manière facile, rapide et tranquille.

Cette salle sera à la disposition du public tous les jours de la semaine, excepté le samedi de 10 h. à 4 h.; et le dimanche de 9 h., à midi et de 2 h., à 4 h., afin de donner possibilité aux travailleurs de faire des études et des recherches.

Art. 84. — Les bureaux pour la réception des demandes et de la délivrance des brevets et l'accomplissement de toutes les formalités y relatives, resteront attachés au Ministère du Commerce et de l'Industrie.

Art. 85. L'administration du Journal Officiel sera autorisée à tirer sur une feuille spéciale, les publications relatives aux brevets et à en faire le service hebdomadaire, par abonnement, à prix réduit, et la vente au numéro, afin de permettre aux industriels, fabricants, etc.; de collectionner les titres des brevets délivrés et de se tenir au courant des brevets de leur industrie.

TITRE HUITIÈME
De la contrefaçon et des peines qu'elle entraîne

Art. 86. — La contrefaçon est un délit. C'est un vol d'un caractère particulier, passible des tribunaux correctionnels, exclusivement.

Art. 87. — Toute atteinte portée, par qui que ce soit, au droit de l'inventeur, toute exploitation clandestine d'un objet

1. Il est absolument indispensable de diminuer la durée des procès en matière de brevets. Ces procès suspendent un trop grand nombre d'intérêts divers et d'affaires commerciales et industrielles pour pouvoir traîner des années. Celui qui attaque un brevet en nullité doit avoir les preuves en mains, donc c'est une chose facile à régler. Les procès de chicane et de mauvaise foi, qui n'ont pour but que de spolier l'inventeur doivent être sévèrement réprimés par des dommages intérêts sérieux.

2. L'impression, la publication et la vente de la copie des brevets a lieu dans la plupart des pays: *Angleterre, Allemagne, États-Unis*, etc. Le prix de chaque reproduction varie avec son importance.

breveté, l'abstention des déclarations et formalités préalables, exigées par la présente loi pour entrer en exploitation légale d'un brevet, constituent le délit de contrefaçon envers l'inventeur et de fraude envers le Trésor.

Art. 88. — L'exploitant, dûment en règle, qui, dans ses comptes de redevance, se livrera à des fraudes en vue de spolier le breveté par des fausses déclarations et qui en sera convaincu, sera passible des peines édictées aux articles 147 et 150 du Code Pénal.

Art. 89. — Toute exploitation de brevets à redevances, par des tiers, qui n'aura pas été déclarée au Ministre du Commerce et de l'Industrie, et dont la taxe n'aura pas été payée, donnera lieu à des poursuites pour fraude envers le fisc, et en contrefaçon avec l'inventeur, qui seront exercées d'office par le Procureur de la République, soit sur la plainte du breveté, soit sur la plainte des préposés aux finances, receveurs d'enregistrement, receveurs centraux, ministre des finances ou agents du fisc. (1)

Le Ministre du Commerce, le Ministre des Finances et le breveté seront prévenus des poursuites exercées contre un contrefacteur, quel qu'en soit l'instigateur.

Art. 90. — Le délit de contrefaçon sera puni : 1° pour infraction envers le Trésor d'une amende de cinq cents à trois mille francs ; 2° envers l'inventeur, d'une indemnité pénale de mille à dix mille francs ; nonobstant et indépendamment des dommages intérêts qui pourront être fixés, par état. Le contrefacteur pourra, en outre, être condamné à un emprisonnement de un mois à un an, suivant le cas, s'il est prouvé que le contrefacteur connaissait le brevet. En cas de récidive le maximum sera toujours appliqué.

En raison de la publicité très grande donnée aux brevets délivrés, de la facilité avec laquelle les industriels pourront se renseigner et se tenir au courant des progrès réalisés dans leur industrie et de la possibilité d'exploiter honnêtement les inventions brevetées, la bonne foi, en matière de contrefaçon, ne sera pas admise, surtout pour le fabricant. (2)

Art. 91. — Les contestations de validité de brevet, soulevée après coup, comme moyen dilatoire, ne sera pas une excuse à la contrefaçon et à la fraude, si les formalités prescrites aux articles 23, 24, 34 et 35, n'ont pas été remplies avant toute exploitation du brevet en cause.

Art. 92. — Les actions en contrefaçon seront du ressort exclusif des Tribunaux jugeant au Correctionnel.

Art. 93. Le fait d'être breveté n'exclut pas la contrefaçon, si l'objet exploité tombe sous les droits d'un brevet en cours et antérieur au brevet pris en double emploi, soit par coïncidence ou rencontre d'idées.

Il n'y a pas contrefaçon si le dernier et tardivement breveté n'exploite pas l'objet breveté.

Il n'y aura pas non plus, contrefaçon, pour l'exploitant, qui, ayant rempli les formalités prescrites par la loi exploiterait pour le compte d'un breveté dont le brevet aurait été tardivement pris, au lieu d'exploiter pour le compte du premier breveté dont le brevet serait en cours. Dans ce cas, c'est le

breveté qui aura reçu indûment les redevances qui en devra compte au premier breveté, sans préjudice de dommages et intérêts, s'il y a lieu, envers les parties. A dater du jour où le fait leur aura été révélé, les exploitants du brevet tardif et nul, en principe, se mettront en règle vis-à-vis de l'inventeur réel, qui pourra toujours, en pareil cas, former opposition aux paiements et demander la nullité du brevet obtenu en fraude de ses droits.

Art. 94. — Dans le cas de récidive dans le délai de trois ans, les peines stipulées en l'article 90 seront portées, savoir : 1° envers le fisc, d'une amende de mille à cinq mille francs ; 2° envers l'inventeur, d'une indemnité pénale de deux mille à vingt mille francs, et d'un emprisonnement de deux mois à deux ans, sans préjudice des dommages intérêts. Dans tous les cas, les tribunaux pourront ordonner, en la forme qu'ils jugeront convenable, la publication des jugements.

Art. 95. — Ceux qui auront sciemment recélé, vendu ou exposé en vente ou introduit sur le territoire du pays où l'inventeur est breveté un ou plusieurs objets contrefaits seront punis des mêmes peines que les contrefacteurs.

Art. 96. — Les consommateurs industriels ou commerçants qui auront acheté sur baisse de prix et sciemment, des objets contrefaits pour leurs usages industriels ou leur commerce, pourront être poursuivis et condamnés comme complices, s'il est démontré qu'ils ont opéré avec connaissance de cause. Toutefois l'article 469 du Code Pénal pourra leur être appliqué, sans préjudice des indemnités et dommages et intérêts qui pourront être fixés par les états.

Art. 97. — Il est interdit aux citoyens vivant bourgeoisement d'acheter, pour leurs usages personnels, des objets quelconques contrefaits et de protéger ainsi la fraude dans un but d'économie. Ils pourront être poursuivis et condamnés à des dommages intérêts, devant le juge de Paix, si l'objet acheté dépasse une valeur ou un total de vingt-cinq francs, jusqu'à deux cents francs ; et au-dessus de deux cents francs devant les tribunaux civils.

Art. 98. — Si le contrefacteur est un ancien ouvrier ou employé du breveté il sera toujours condamné au maximum des peines édictées par la présente loi, s'il était en fonction chez le breveté au moment ou depuis la prise du brevet en cause, par celui-ci.

Art. 99. — Le tribunal correctionnel, saisi d'une action pour délit de contrefaçon statuera sur l'opportunité de la demande en nullité du brevet en cause, et renverra, s'il y a lieu, les parties à se pourvoir de ce chef devant les tribunaux civils.

S'il y a eu manœuvres frauduleuses ou inexécution des formalités prescrites par la loi, de la part du contrefacteur ou de celui réputé tel, le Tribunal saisi pourra passer outre, attendu que tant que le brevet n'est pas déclaré nul, le breveté est fondé à poursuivre le contrefacteur.

Art. 100. — Les propriétaires de brevets pourront, en vertu d'une ordonnance du Président du Tribunal de première instance, procéder, par tous huissiers, à la désignation et la description détaillée, avec ou sans saisie, des objets contrefaits.

L'ordonnance sera rendue sur simple requête et sur la présentation du brevet. Elle contiendra, s'il y a lieu, la nomination d'un expert pour aider l'huissier dans sa description. Les objets saisis seront déposés au greffe du Tribunal ou consignés sur place, s'ils sont trop volumineux, ou, enfin, remis en lieu sûr avec apposition de scellés et constitution de gardien. Il sera laissé copie au détenteur des objets saisis ou dé-

---

(1) C'est le rôle de la Société des auteurs et compositeurs remplacé ici par le fisc et le breveté.

(2) L'indemnité pénale attribuée à l'inventeur a pour but de lui fournir les moyens pécuniaires de se défendre et d'attendre. C'est pourquoi cette indemnité doit lui être attribuée nonobstant appel, en provision.

La nouvelle loi autrichienne a augmenté considérablement les pénalités en matière de contrefaçon et elle n'admet pas la bonne foi ni l'ignorance du brevet. Cependant en Autriche le brevet peut rester secret à la demande de l'inventeur.

crits, du procès-verbal dressé par l'huissier, à peine de nullité et de dommages intérêts contre l'huissier.

Aᴿᴛ. 101. — Si la contrefaçon est le fait d'une société anonyme, le Directeur, l'Administrateur délégué et les membres du Conseil seront mis en cause. Si la société est en noms collectifs les associés seront mis en cause. Si la société est en commandite, le commanditaire ne pourra être poursuivi en contrefaçon qu'autant qu'il y aurait complicité avérée avec installation et prêt de fonds pour exercer la contrefaçon, ou que le commanditaire aurait fait acte de gestion.

Dans tous les cas, les directeurs des usines, ou des ateliers où aura lieu la contrefaçon seront mis en cause. L'article 463 du Code pénal pourra être appliqué aux directeurs qui prouveront qu'ils ont été forcés par leurs patrons de fabriquer des produits brevetés, sauf s'ils recevaient un bénéfice ou un tant pour cent sur les dits objets contrefaits.

Aᴿᴛ. 102. — Tout étranger breveté qui requerra la saisie d'objets réputés contrefaits sera tenu de déposer un cautionnement qui sera fixé par le Président du tribunal, en délivrant l'autorisation de saisie. Il n'y aura pas lieu à cautionnement pour une simple constatation par huissier commis à cet effet. En ce qui concerne le fond, le *judicatum solvi* pourra toujours être demandé.

Aᴿᴛ. 103. — La plainte et la copie des procès-verbaux de saisie ou de constat seront envoyés au Procureur de la République dans la huitaine franche et celui-ci procédera aux informations et poursuites conformément à la loi. Le breveté pourra, également, assigner le contrefacteur directement en police correctionnelle, s'il le juge à propos, en procédant suivant la loi.

Aᴿᴛ. 104. — Les objets reconnus contrefaits ainsi que l'outillage spécial servant à la contrefaçon des objets brevetés, seront confisqués au profit du breveté, par ordre du Tribunal.

TITRE NEUVIÈME

Dispositions transitoires. — Effets retroactifs

Restitution de propriété. — Abrogations

Aᴿᴛ. 105. — Tous les inventeurs qui ont pris, depuis moins de quinze ans au moment de la promulgation de la présente loi, des brevets qui sont tombés dans le domaine public par suite du non paiement des annuités en temps voulu et aux termes de l'ancienne loi ou dont les annuités n'auront pas été payées du tout, ou dont les annuités successives auront été régulièrement payées, bénéficieront des dispositions de la nouvelle loi. Ces brevets continueront ou seront remis en vigueur, pendant le temps pour lequel ils ont été délivrés et restant à courir.

Aᴿᴛ. 106. — Les annuités payées resteront acquises au Trésor.

Aᴿᴛ. 107. — Tous les brevets déchus *faute de paiement et compris dans cette énumération*, pourront être exploités à dater de la promulgation de la présente loi comme il est dit au titre deuxième.

Aᴿᴛ. 108 — Aucune poursuite en contrefaçon ne pourra être intentée contre les industriels, *en général*, qui ont bénéficié, illégitimement, des inventions brevetées et tombées dans le domaine public, pour tous les faits et actes compris entre la déchéance du brevet et la promulgation de la présente loi. Les exploitants qui voudront continuer d'exploiter ces brevets devront se mettre en règle avec la présente loi dans le délai de trois mois de sa promulgation. Sont exceptés les brevets déclarés nuls par décision judiciaire définitive.

Aᴿᴛ. 109. — Les brevetés qui ont payé régulièrement les annuités de leurs brevets jusqu'au jour de la promulgation de la nouvelle loi, et qui désireront rester pour toute la durée de leurs brevets, sous l'empire de l'ancienne loi de 1844 n'auront rien à changer à l'état des choses antérieur à la présente loi.

Ils continueront à payer la taxe annuelle telle qu'elle a été établie par la loi de 1844 et resteront en possession du monopole d'exploitation. Ils n'auront qu'à informer le plutôt possible le Ministre du Commerce qu'ils entendent se réserver le monopole exclusif d'exploitation des brevets qu'ils possèdent. Le timbre *"Exploitation monopolisée"* sera appliqué immédiatement sur le titre original. Le titre de ces brevets, leur numéro, la date de leur dépôt et les noms des inventeurs seront publiés à l'officiel *en la forme prescrite au titre septième* de la présente loi, avec la mention *"Ancien brevet"*.

Aᴿᴛ. 110. — Tout breveté ayant payé régulièrement jusqu'à ce jour, les annuités de ses brevets, pourra abandonner le paiement des annuités suivantes *en laissant tomber ses brevets dans le domaine de libre exploitation avec redevances*.

Les industriels qui voudront exploiter les anciens brevets non périmés, devront s'assurer si le breveté a abandonné son monopole d'exploitation. Ils devront en tous cas remplir les formalités prescrites et payer la taxe stipulée par la présente loi (1.)

Aᴿᴛ. 111. — Les cessions et licences de brevets accordées sous l'empire de l'ancienne loi, conserveront toute leur force valeur et privilège, pendant le restant de la durée des dits brevets, pourvu que les annuités continuent à être payées régulièrement. Dans le cas contraire lesdits brevets tomberont dans le domaine d'exploitation libre avec redevance à l'inventeur.

Aᴿᴛ. 112. — Toutes les actions judiciaires en cours relatives aux questions de brevets mises à fin, de l'ancienne loi de 1844. Toute action non encore intentée à la promulgation de la présente loi, sera suivie conformément aux dispositions de cette nouvelle loi.

Toutefois en ce qui concerne les nouveaux faits de contrefaçon qui pourraient surgir à partir de la promulgation de cette loi, et relativement aux brevets déchus, faute de paiement, et remis en vigueur par la présente loi, les tribunaux n'appliqueront que des peines pécuniaires aux contrefacteurs des brevets anciens et déchus faute de paiement. Pour la contrefaçon relative aux anciens brevets dont les annuités ont toujours été payées régulièrement et par conséquent en pleine vigueur, les tribunaux pourront appliquer la nouvelle loi dans sa plénitude, si la mauvaise foi est manifeste.

Aᴿᴛ. 113. — Seront abrogées à compter du jour où la présente loi sera devenue exécutoire, la loi du 5 juillet 1844 ; la loi du 31 mai 1856 et la loi du 28 mai 1868, etc., en ce qui concerne les objets brevetables.

Aᴿᴛ. 114. — Des arrêtés ministériels, portant règlement d'administration publique, arrêteront les dispositions nécessaires pour l'exécution de la présente loi qui ne prendra effet que trois mois après la promulgation. Toutefois, à dater d'un mois de la dite promulgation, les demandes de brevets pourront être formées sous le régime de la présente loi, et les demandes en cours, pourront être transformées s'il s'agit d'exploitation libre à redevances. La taxe payée au dépôt de la demande antérieure restera acquise au Trésor, et la date du dépôt sera conservée.

EUGÈNE TURPIN.

25 Août 1900.

(1) La résurrection des brevets déchus *faute de paiement*, est un acte de justice et d'équité, et qui peut rapporter au Trésor, si les brevets sont bons. En outre, puisque le passé est sauvegardé au point de vue de la contrefaçon qui ne peut être poursuivie, il n'y aura aucune perturbation à craindre.

CONCLUSIONS

Le projet de loi, ci-dessus, avec son exposé préliminaire, a été remis, tel qu'il vient d'être publié, en 1900, à M. Millerand, alors ministre du Commerce.

Rien n'a encore été fait dans cette voie, en vue de donner satisfaction aux inventeurs.

Depuis cette époque, 1900, les choses ont marché et il est bien évident que, d'après ce qui se passe parallèlement au sujet des artistes, qui demandent aussi à être mieux protégés, il y a lieu, pour les inventeurs, de demander une protection plus complète de leurs travaux et surtout moins onéreuse, non seulement pour la France, mais pour le monde entier. On conçoit mal, en effet, cette nécessité de prendre, à grands frais, dans chaque pays, un brevet pour une même invention aussi utile dans l'un que dans l'autre de ces pays.

A un autre point de vue il est aussi de toute nécessité de rendre libre l'exploitation d'un brevet pour tous ceux qui y ont un intérêt afin de ne nuire à personne et de rendre nul le reproche fait aux inventeurs, de gêner l'industrie en monopolisant une invention.

Dans ces conditions les contrefaçons et les spoliations seront d'une évidente mauvaise foi et devront et pourront être très sévèrement réprimées, comme vol.

D'autre part encore, ce nouveau régime rendra peut-être les industriels plus clairvoyants et moins enclins au *chapardage* des idées en comprenant mieux leurs intérêts. En Amérique et en Angleterre, les industriels, plus pratiques, au lieu de faire tous leurs efforts pour dépouiller un inventeur, comme on le fait surtout en France, cherchent, au contraire, à se l'attacher, à le pousser et à l'exploiter en lui faisant une large part du l'encourage et se traduit par de nouveaux efforts de celui-ci d'où la source de nouveaux résultats et de nouvelles inventions.

Les progrès si rapides de l'Amérique, qui devance tous les autres pays, n'a pas d'autre cause. Là on paie, à tout hasard, des chercheurs pour inventer, créer, etc.; et, dès qu'un homme d'initiative se produit, dès qu'un génie se révèle, les industriels et les capitalistes se le disputent et le mettent sur le pavoi.

En France on les tue ! !

Jamais Edison n'aurait été ce qu'il est devenu s'il eut été Français. Pour donner satisfaction à des vanités puériles plus ou moins officielles on a invoqué contre ses brevets des expériences stériles de laboratoire, datant de 30 ans, pour lui faire perdre tous ses procès et annuler ses brevets. Pendant ce temps Cornélius Herz volait à l'épargne française des millions avec les travaux d'Edison et M. de Freycinet le faisait grand officier de la Légion d'honneur. Comment a-t-il fini ?

Comme le dit si bien ABEL FAURE, dans ses livres : l'*Individu et l'esprit d'autorité* et l'*Individu et les diplômes* (1), ici on tue l'individualité à laquelle, cependant, on doit tous les progrès. L'inventeur, en France, se heurte à la Scolastique, aux idées préconçues, à l'esprit de corps, de caste et de coterie, que le génie et l'esprit primesautier gênent et humilient dans leur orgueil de diplômés, et troublent dans leurs sinécures où jouit leur douce médiocrité.

---
1. Chez Stork, Paris, en face le théâtre Français.

Voilà pourquoi le progrès est si lent, même dans les choses les plus urgentes et les plus simples.

Quarante années de République et plus de 120 MILLIARDS donnés aux Budgets, dans ce laps de temps, n'ont pas suffi, malgré les sophismes de nos parlementaires, et leurs promesses, pour donner aux travailleurs en général et de la pensée, en particulier, la moindre satisfaction.

Les inventeurs sont encore traités comme au moyen-âge.

On les traque, on les emprisonne, pour les dépouiller, et on refuse de reconnaître leurs droits et leur valeur. Cependant, les savants officiels, les malins, les industriels, etc., se tressent des couronnes de lauriers avec leurs idées, ravies odieusement, et d'immenses fortunes s'érigent sur leurs travaux, leur spoliation et leur martyre.

Singulières gloires que celles qui s'édifient sur des victimes.

Il est temps que cela change, car le mouvement universel qui se produit contre la mauvaise foi et qui veut la justice, emportera tout si on ne veut se rendre à l'évidence et si on ne veut rentrer dans une voie plus équitable et plus juste, soit en limitant la fortune et l'accaparement des biens, soit en donnant à chacun selon ses œuvres et son mérite réel, c'est-à-dire selon ce qu'il a produit, ce qui lui est dû. Les diplômes peuvent prouver certaines études, mais ces études elles-mêmes ne peuvent être qu'un moyen de produire et non un but, non une solution définitive pour obtenir une sinécure.

Les privilèges accordés aux Elèves de l'Ecole Polytechnique ne se justifient par rien du tout et cette école ne devrait être qu'une faculté, comme les autres, et dont les élèves seraient, comme les médecins, les avocats, etc., livrés à eux-mêmes. Si leurs études sont si supérieures aux autres, il leur sera facile de prouver leur valeur par des travaux utiles à tous ; mais si leur science ne sort pas d'eux-mêmes et ne se révèlent par aucune œuvre utile aux autres, leur inutilité est manifeste. On ne comprend donc pas qu'un inventeur soit tributaire de prétendus savants qui, eux, n'ont jamais rien inventé et qui s'arrogent le droit de nous juger, de nous classer, de nous niveler ou de nous disqualifier, à leur gré et suivant l'intérêt de leur caste.

C'est ce qui arrive pour toutes les inventions qui touchent aux monopoles de l'Etat.

Quelles que soient les prétentions de la Science officielle à vouloir tout réglementer et gouverner, et son grand désir qu'en dehors d'elle nul ne puisse avoir de la science ou de l'esprit, il n'en est pas moins vrai, ni moins certain, que la théorie est toujours à la remorque de la pratique. Ce fait a été écrit et prouvé dans tous les arts et dans toutes les sciences.

La théorie ne précède pas l'œuvre naissante, elle la suit.

Donc le penseur, le créateur, l'artiste, l'inventeur, sont les vrais pionniers de l'humanité, chacun dans leur voie, et ils auraient droit à occuper le premier rang dans la République. Ce sont des plantes vivaces qui ne peuvent supporter le Tarquinisme, plantes folles, si on veut, mais bienfaisantes et poétiques auxquelles il faut la liberté, la pleine terre, l'air et le grand soleil.

Un savant est un monsieur qui a appris ce qu'on lui a enseigné. Il en sort, tous les ans, des centaines de mille, dans le monde des écoles et des facultés, qui, tous, sont égaux dans leur savoir ainsi que le prouvent leurs peaux d'ânes ou diplômes.

L'inventeur, le compositeur, l'auteur, l'artiste, sont des

créateurs, des innovateurs, c'est-à-dire des hommes qui révèlent ce que nul ne pouvait leur apprendre, puisqu'avant eux nul ne le savait. Ce sont des fleurs qui éclosent au milieu des champs de blé.

Ce n'est qu'après leur œuvre que le pédant et le pédagogue, s'emparant de l'idée, la développent avec plus ou moins d'erreurs en se vantant de leur propre savoir. Si on étudie à fond la marche du progrès, on est même stupéfait de la lenteur avec laquelle la théorie arrive à débrouiller les faits constatés. En électricité on en est encore à l'hypothèse des deux fluides et on ignore absolument le pourquoi des choses. On constate, et c'est tout, etc., etc.

J'ai vu et lu un travail, d'un de ces grands savants après la lettre, et des plus étonnants, en X et en Y, sur la stabilité possible des vieilles cathédrales gothiques. L'auteur de ce travail condescendait à accorder un peu de science, sinon d'adresse aux architectes et artisans qui les construisirent. Il concluait que ces monuments pouvaient tenir debout, ce qui a dû les consolider.

Un autre vient d'épater l'humanité en établissant, depuis les vols de Wright la théorie des aéroplanes et la possibilité de s'élever en l'air. Ces grands savants, après coup, sont comiques par leur pédantisme et leur audace à se mêler, pour la pose, des choses et des œuvres, sans aucun droit, qui leur sont étrangères.

Ils sont de l'Université et ont tous des droits dans ce pays de prétendue liberté. Ils ne songent pas, tant leur mentalité est déviée, que le droit s'arrête, dès que quelqu'un est en cause et leur liberté également.

Les travailleurs de la pensée ont donc le droit et le devoir de réclamer la place qui leur est due et le respect de leurs droits de propriété intellectuelle, sans être soumis à la censure, à la dîme et à la corvée comme des parias, alors que tout le progrès ne vient que d'eux-mêmes.

Il faut donc que tous soient sur le même pied et logés à la même enseigne. Ce n'est certes pas pour moi que je réclame, car je n'en profiterai pas, mais c'est pour épargner à d'autres les supplices que j'ai endurés.

Il faut donc obtenir, en modifiant ainsi mon projet de loi :

1° Que tous les brevets aient une durée égale à la vie du brevet et se prolongeant cinquante ans après sa mort.

2° Que les quatre classes de brevets que j'ai indiquées ne diffèrent entre elles que par les parts de bénéfices à allouer à l'inventeur ou au titulaire de ses brevets ou ayants-droit, savoir : (maximum)

1re classe 20 0/0 du prix de vente;
2e classe 15 0/0 —
3e classe 10 0/0 —
4e classe 5 0/0 —

3° Qu'un seul brevet suffise pour tous les pays.

La vente des copies serait faite au profit de l'office des brevets de chaque pays, qui deviendrait ainsi l'éditeur des inventions.

4° Dans chaque pays il se formerait une société, analogue à la société des auteurs et des compositeurs, laquelle société serait chargée de régir et surveiller, réciproquement la mise en valeur des inventions. Les annuités payées à l'État dans chaque pays par l'exploitant de ce pays équivaudrait au droit des pauvres sur les théâtres, concerts, etc.

Les inventeurs auraient tout à gagner à voir leurs inventions mises en exploitation dans le monde entier, sans leur intervention, par des industriels outillés et en pleine exploitation. C'est pourquoi la liberté d'exploitation s'impose.

D'ailleurs on doit toujours tendre à la suppression des monopoles. La libre concurrence est la vraie et la seule marque du progrès et de la supériorité. En Angleterre, deux ou trois compagnies de chemins de fer desservent les mêmes villes et les mêmes contrées. Elles se font concurrence par les prix, la vitesse, le confort, etc. Il en est de même pour l'éclairage des villes.

En France on ne rêve qu'autorité sur son voisin, sinécures, privilèges, monopoles, faveurs, exemptions, etc. Voilà la décadence et les causes de corruption.

EUG. TURPIN,
Inventeur de la mélinite, etc., etc.